Contenuti

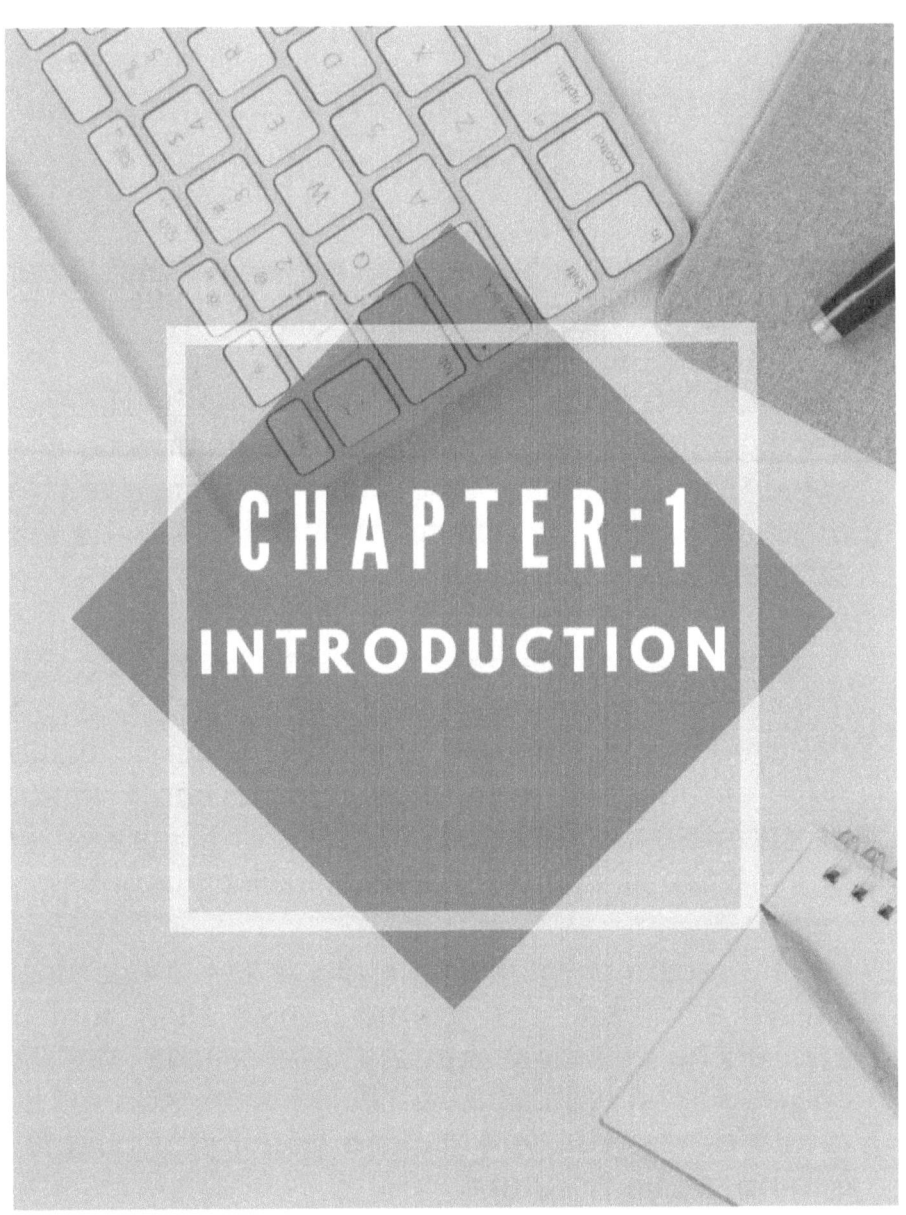

CHAPTER:1
INTRODUCTION

1.1 LinkedIn: la piattaforma di marketing B2B

Hai mai pensato a quale sia la migliore strategia per **raggiungere clienti B2B mirati e precisi**?

Se stai leggendo questo libro è probabilmente perché ti rendi conto dell'incredibile potenziale che risiede in LinkedIn e quindi vuoi imparare o migliorare l'uso di questo strumento e generare potenziali clienti per la tua attività.

Il principale problema che molti imprenditori e aziende incontrano non risiede tanto nel servizio o nel prodotto che offrono al pubblico, ma piuttosto **nella capacità di raggiungere le persone giuste al momento giusto** e di essere in grado di organizzare gli appuntamenti con i clienti target.

Infatti i reparti di marketing e di vendita in qualsiasi settore affrontano ogni giorno questa sfida perché puoi anche avere un servizio di eccellente qualità che risolve un problema specifico ma, **se non sei in grado di raggiungere questo benedetto cliente, è impossibile fatturare.**

Al giorno d'oggi, le strategie di marketing standard come chiamate, eventi e pubblicità tradizionale sono a un punto di rottura con il passato.

In effetti, in un mondo così frenetico, tutti i professionisti sono tenuti a prendere decisioni rapide ed efficienti.

Non è più accettabile passare troppo tempo a chiamare un elenco di contatti fuori target.

È necessario reinventarsi e utilizzare tutti quegli strumenti digitali che consentono di risolvere lo stesso problema in una frazione del tempo.

Io stesso durante la mia carriera professionale ho dovuto affrontare questo problema e nel tempo **sono riuscito a sviluppare una strategia che mi permetta di raggiungere potenziali clienti target in modo facile e veloce** e che mi permetta di concentrarmi sulla cosa più importante, ovvero la negoziazione.

Questa è una strategia che ho avuto l'opportunità di attuare attraverso quelle aziende con cui ho avuto il piacere di collaborare e alle quali spero di aver contribuito apportando valore.

Ecco perché uno dei principali strumenti che utilizzo è LinkedIn, che ho imparato a sfruttare ed oggi ne apprezzo l'efficacia attraverso la quale ti consente di sviluppare rapporti commerciali con altre aziende.

Ricorda, tutti I professionisti sono su LinkedIn per lo stesso motive per cui anche tu sei lì: il Business.

Dato che LinkedIn sta diventando così cruciale e pervasivo nel modo in cui lavoriamo ogni, credo che nei prossimi anni consoliderà la sua leadership come social media aziendale in tutto il mondo.

Tuttavia, nonostante il fatto che milioni di utenti in tutto il mondo controllino la loro pagina LinkedIn ogni giorno, **molte persone non riescono ancora a utilizzare LinkedIn e sfruttarne a pieno il potenziale**.

Per molti professionisti tra cui amministratori delegati, direttori generali, CFO, venditori, imprenditori, liberi professionisti, dipartimenti delle risorse umane e consulenti, **trascorrere del tempo su LinkedIn è frustrante**.

Perché?

Perché sentono che stanno trascorrendo del tempo inutilmente perché i loro sforzi ricevono zero risultati e alla fine concludono la giornata affermando:

"LinkedIn non funziona"

Oppure in alternativa molte persone decidono di investire budget sproporzionati nella piattaforma di marketing a pagamento di LinkedIn, ottenendo esattamente gli stessi risultati della versione gratuita, ovvero: Zero.

Ma ecco la novità: questi fallimenti costituiscono per te un'opportunità.

Se seguirai i consigli che sono qui a fornirti, sarai in grado di diventare un professionista nella generazione di lead attraverso il LinkedIn.

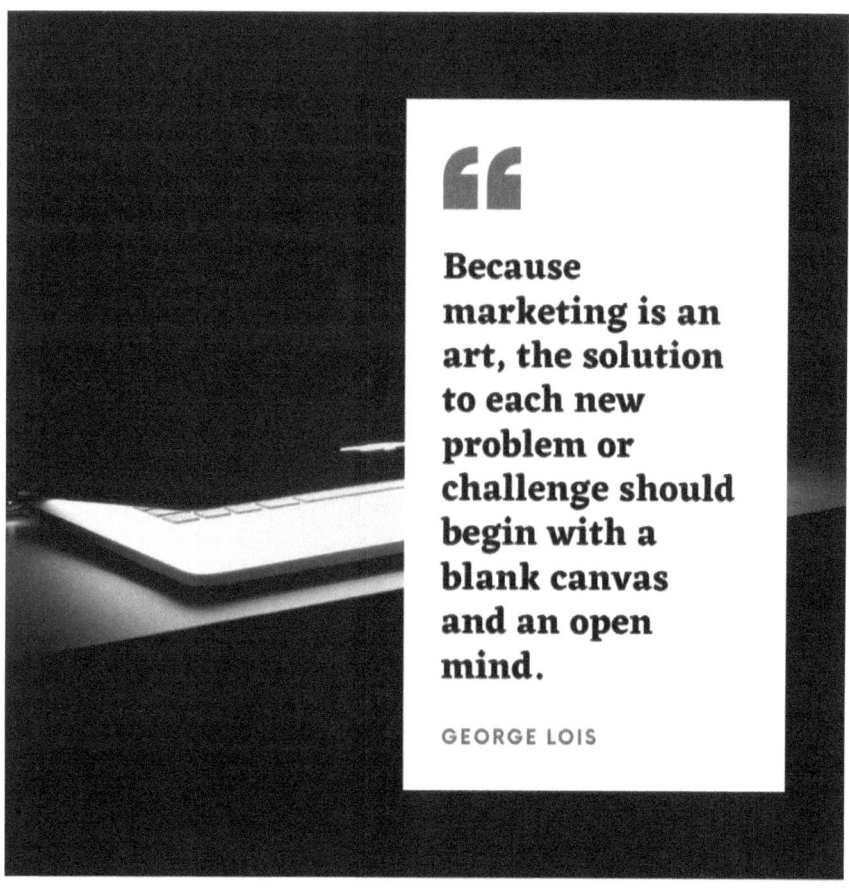

> **Because marketing is an art, the solution to each new problem or challenge should begin with a blank canvas and an open mind.**
>
> GEORGE LOIS

Di cosa parleremo in questo libro:

1. Ti guiderò nell'ottimizzazione del tuo profilo per attirare quante più persone possibile sulla tua pagina personale e generare passivamente opportunità di business.

2. Ti aiuterò a identificare chi sono i tuoi clienti ideali, a comprendere il loro comportamento e utilizzare LinkedIn per raggiungerli in modo efficace.

3. Ti spiegherò in dettaglio la strategia che ho usato personalmente per convertire il 15% delle persone raggiunte in nuovi contatti con la mia strategia di marketing. Ti fornirò il funnel specifico che ho usato e una serie di modelli che mi hanno aiutato in questi anni.

4. Ti aiuterò a capire come ristabilire una relazione con quelle persone che non hanno risposto ai tuoi messaggi.

5. Ti guiderò nella creazione di un gruppo LinkedIn, di una pagina professionale di LinkedIn, di efficaci Inserzioni e di contenuti per generare traffico e attenzione verso la tua pagina web.

6. Spiegherò come utilizzare processi di Robotic Process Automation per dedicare ancora meno tempo a generare nuove opportunità commerciali e assicurarti di poterti concentrare su ciò che è più importante, ovvero chiudere più trattative e gestire meglio la tua attività.

7. Spiegherò come concludere più trattative attraverso la metodologia Straight Line inventata da Jordan Belfort

8. Ti fornirò una serie di strumenti che io stesso uso ogni giorno

In conclusione, questo libro ti consentirà di conoscere tutti i dettagli di cui hai bisogno per generare nuove opportunità commerciali attraverso LinkedIn e ti permetterà di sederti al tavolo delle trattative con chiunque desideri raggiungere.

1.2 A chi è indirizzato questo libro

Questo libro è per tutte le persone che vogliono generare nuove opportunità commerciali, persone che si rendono conto che passare ore e ore a chiamare un elenco di contatti fuori target, oggi è una perdita assoluta di tempo, denaro ed energia.

In effetti, possiamo contare su strumenti (uno dei quali è LinkedIn) attraverso i quali puoi entrare in contatto con le persone giuste al momento giusto.

Si tratta di strumenti sia gratuiti che a pagamento che consentono di generare nuovi contatti e quindi di essere in grado di fissare appuntamenti con persone che siamo sicuri che abbiano un interesse nel servizio o prodotto che stiamo vendendo.

In breve, è per tutte quelle persone che cercano collaborazioni e partnership B2B (Business to Business) ma anche, in misura minore, per coloro che promuovono aziende B2C (Business to Client).

Questo libro NON vuole essere un manuale che vende fumo, in cui vengono promessi obiettivi irraggiungibili e i lettori vengono ingannati promettendo di moltiplicare il loro fatturato per X volte, ma vuole essere un riassunto della strategia che io stesso come consulente di marketing ho effettivamente usato, testato e migliorato nel tempo per raggiungere nuovi clienti e promuovere prodotti e servizi di vario genere.

Il mio obiettivo è quello di consentire a tutti di sfruttare LinkedIn in maniera profittevole.

Quindi in definitiva questo libro è rivolto a tutte quelle persone che hanno difficoltà a trovare clienti su LinkedIn, a quelle persone che hanno un basso tasso di risposta ai loro messaggi, a quelle persone che non sono esperte nell'uso di questa piattaforma e che vogliono scoprire come utilizzare al meglio tutti i tool disponibili.

1.3 Chi siamo

Questo libro è il risultato di una collaborazione tra me, **Matteo Romano** e il mio amico **Hassan Elfadoul,** che ho incontrato durante il mio programma di Master a Madrid, in Spagna.

Matteo Romano

I am a marketing consultant, Italian from Bergamo and currently based in Madrid, a wonderful, international and avant-garde city.

Mi chiamo **Matteo Romano**, sono un consulente di marketing, italiano di Bergamo e attualmente residente a Madrid, una città meravigliosa, internazionale e all'avanguardia.

Mi chiederai, come ti sei trasferito da Bergamo a Madrid? È stata sicuramente una somma di fattori che mi hanno portato a prendere questa decisione, il primo dei quali è stato sicuramente quello di intraprendere un **Master in International Business presso l'EAE Business School.** La mia carriera universitaria consiste invece in una laurea in Economia e Management presso **l'Università Bocconi di Milano**.

Da qualche tempo Madrid è la mia casa e sostanzialmente il mio lavoro è stato quello di fornire aiuto, supporto tecnico, consulenza a imprenditori, piccole e medie imprese, attraverso la mia esperienza nel settore del marketing digitale.

Posso riassumere le mie skills come segue:

- Pubblicità: mi dedico alla creazione di **campagne di marketing** attraverso tutti i principali social media (Facebook, Instagram e LinkedIn), motori di ricerca (Google e Bing), piattaforme di notifica push (PropellerAds) e la piattaforma pubblicitaria Amazon.

- Disegno Web: progetto e sviluppo **e-commerce, siti web e blog** (Wordpress, Shopify)

- SEO: mi occupo di posizionare **siti web sui motori di ricerca**, ricercare le parole chiave adeguate e ottimizzare la parte on-page e off-page delle pagine web.

- Social Media Management: creo **contenuti** (video, immagini, post di blog ecc.) per intrattenere il pubblico ed aumentare la brand awareness del marchio attraverso le pagine social (LinkedIn, Facebook, Instagram, Pinterest ecc.)

- Consulenza: aiuto a strutturare le **strategie di marketing** per posizionare la tuo marca.

Questa attività di consulenza è la mia passione e il mio hobby e ammetto che molte volte parlando con la mia famiglia e i miei amici più cari mi considero molto fortunato di avere questa opportunità. Essere in grado di definire il tuo lavoro come un hobby è un lusso che alcune persone riescono ad avere, ma molti no. È un'attività che mi diverte, che mi spinge ogni giorno a dare di più e ad affrontare le sfide in un settore in cui la concorrenza è ai massimi livelli.

Sono molto grato per questa grande opportunità e per le persone che ho incontrato che mi circondano e mi aiutano a migliorare ogni giorno.

Hassan Elfadul

I am a testing Engineer, Podcaster, world citizen but a proud Sudanese.

Mi chiamo **Hassan Elfadul**, ingegnere, **cittadino del mondo ed** orgoglioso sudanese.

Ho avuto l'opportunità di vivere in diversi paesi del mondo, da casa mia in Sudan all'Arabia Saudita, poi alla Malesia, dove ho conseguito la laurea fino a dove vivo ora, la bellissima Spagna, dove ho potuto acquisire maggiori conoscenze in diverse aree e anche il conseguito il master in Project Management.

Potresti chiederti perché nella sezione "Chi siamo" c'è un ingegnere di un libro di business!

Bene, questo libro è un progetto tra me e Matteo, poiché se lui è il creatore di contenuti di questo fantastico progetto, **io sono colui che progetta e si occupa del design dello stesso.**

Ho anche contribuito **fornendo il mio punto di vista sul contenuto di questo libro come un normale lettore** che sta cercando di migliorare la propria attività su una piattaforma come LinkedIn.

Credo che le nostre **diverse prospettive** e le competenze forniranno un libro che sia adatto e conveniente per una grande folla di imprenditori che possono sempre trovare tanti ottimi consigli che possono essere applicati direttamente alle loro attività.

Niente più discussioni, ora vorrei presentarti la sezione seguente che toccherà tutti i fondamenti di LinkedIn per posizionarti come esperto nel tuo settore, attirando opportunità di affari che prima non erano possibili.

CHAPTER:2
THE BASICS
FIRST

2.1 Il tuo profilo personale

Benvenuto nel secondo capitolo, in cui ti guiderò nell'ottimizzazione del tuo profilo personale, ti aiuterò a capire e rispolverare i concetti di Buyer Persona, e ti aiuterò ad usare gli strumenti di segmentazione di LinkedIn.

Ma partiamo dall'inizio. Il processo di ottimizzazione del tuo profilo LinkedIn include questi punti fondamentali (ho preso come esempio **il profilo di Neil Patel**, esperto di SEO - ottimizzazione per i motori di ricerca - e fondatore di Neil Patel Digital):

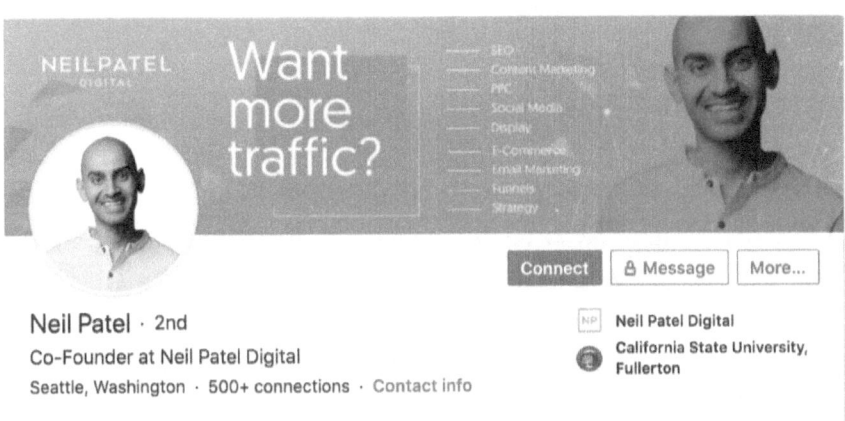

Neil Patel · 2nd
Co-Founder at Neil Patel Digital
Seattle, Washington · 500+ connections · Contact info

Neil Patel Digital
California State University, Fullerton

Foto Profilo

La foto del profilo deve essere una foto professionale e seria, che non significa che deve essere in giacca e cravatta e formale, ma una foto in cui si veda il tuo viso direttamente perché è noto che le persone, specialmente nelle culture mediterranee, apprezzano vedere la persona con cui si sta parlando (in questo caso in forma digitale, ma il concetto è lo stesso). Quindi, scatta una foto ravvicinata, con un bel sorriso e senza rumore di fondo (cioè senza elementi di distrazione che possono distogliere lo sguardo dello spettatore dal tuo viso).

Titolo

Il secondo fattore da ottimizzare è il titolo e la breve frase introduttiva che dice a tutto il mondo "Io sono X, ho a che fare con Y e sono unico perché Z". Ad esempio nel mio profilo LinkedIn puoi vedere che sono un "consulente di marketing, marketing is about sharing your passion". Questa secondo me è una descrizione che mi rappresenta pienamente e soprattutto comunica la passione che metto nella mia attività ogni giorno. Quindi, trascorri il tempo giusto per pensare a come presentarti ai tuoi interlocutori e a ciò che ti rende unico. Sii unico!

Informazioni

In questa sezione ti consiglio di entrare nei dettagli di chi sei come professionista. Prima di tutto ti chiedo di dedicare un po' 'di tempo a un'introduzione accattivante che sintetizza in poche righe ciò che fai, da dove vieni, se hai una famiglia, quali sono le principali abilità che ti distinguono e quali sono gli obiettivi principali che hai raggiunto nella tua carriera. Quindi usa un elenco puntato per dettagliare le tue abilità e gli strumenti che sai usare. Infine, rendi il tuo contatto personale disponibile al tuo pubblico in modo che chiunque possa contattarti direttamente tramite e-mail o telefono cellulare.

About

I am a New York Times bestselling author. The Wall Street Journal calls me a top influencer on the web, Forbes says I am one of the top 10 marketers, and Entrepreneur Magazine says I created one of the 100 most brilliant companies. I was recognized as a top 100 entrepreneur under the age of 30 by President Obama and a top 100 entrepreneur under the age of 35 by the United Nations.

I've helped Amazon, Microsoft, Airbnb, Google, Thomson Reuters, Viacom, NBC, Intuit, Zappos, American Greetings, General Motors, and SalesForce grow through marketing.

My marketing blog generates over 3 million visitors per month (51% of them spend money on paid ads), my Marketing School podcast generates over 1 million listens per month, my YouTube channel about marketing has over 20 million views and half a million subscribers, I have 960,000 Facebook fans, and 343,000 Twitter followers.

I've spoken at over 310 conferences and companies around the world. From speaking at Facebook and Thomson Reuters to every major growth marketing conference, I'm available and interested in speaking at events worldwide.

For speaking opportunities, collaborations, events, and business development, please email Grant Lingel (grant@neilpatel.com).

In Primo Piano

È una delle funzioni più recenti rilasciate da LinkedIn, in cui è possibile selezionare i post di maggior successo nel feed di notizie, inviare i potenziali clienti al sito Web, promuovere un articolo scritto o immagini che sono pertinenti per il tuo pubblico.

Esperienza

Nella sezione delle esperienze di lavoro consiglio di aggiungere i ruoli ricoperti durante le esperienze lavorative e, gli obiettivi raggiunti, le competenze necessarie per ricoprire questo ruolo e per quanto tempo lo hai ricoperto.

Experience

Co-Founder
Neil Patel Digital
Oct 2017 – Present · 2 yrs 8 mos
Greater San Diego Area

Growing companies through innovative digital strategies.

Co-founder
Crazy Egg
Jan 2006 – Present · 14 yrs 5 mos

Crazy Egg is an analytics software that allows website owners to see what visitors are doing when they visit your site through "heatmaps" of visitor's clicks.

Istruzione

In questa sezione indica qual è il tuo livello di istruzione, che si tratti di scuola superiore, diploma universitario o di un dottorato di ricerca e di indicare anche quale istituto ha rilasciato il certificato. Ciò ti consente di migliorare il tuo marchio personale e posizionarti meglio della concorrenza.

Skills

Quando cerchi di posizionarti su LinkedIn e attirare potenziali clienti, le parole chiave che utilizzi svolgono un ruolo importante, poiché il motore di ricerca interno mostrerà il tuo profilo esattamente alle persone che ti stanno cercando.

Ad esempio, ho incluso nel mio profilo tutte le parole chiave correlate ad attività di marketing, campagne Instagram o Facebook, sviluppo di siti Web, esperienza in sviluppo di marchi, gestione di e-commerce, ecc.

Skills & Endorsements

SEO · 99+

Endorsed by **Nitin Manchanda, who is highly skilled at this**

Online Marketing · 99+

Endorsed by **Dennis Yu and 228 others who are highly skilled at this**

Endorsed by **Victor Motricala (mutual connection)**

Web Analytics · 99+

Endorsed by **Hiten Shah and 80 others who are highly skilled at this**

Endorsed by **Victor Motricala (mutual connection)**

Raccomandazioni

In questa sezione ti consiglio di chiedere ai tuoi colleghi di lavoro, al tuo capo e persino ai tuoi professori universitari di scrivere una recensione per te in merito alle tue capacità, alla tua unicità e anche a mettere in evidenza le esperienze che hanno avuto con te nell'ambiente professionale. Può sembrare stupido, ma il tuo profilo sarà molto più professionale e le raccomandazioni di altre persone sono uno degli strumenti di marketing più efficaci dall'alba dei tempi.

Recommendations

Received (27)   Given (15)

Pramod Yadav
Digital Marketing Expert
(SEO PPC SMO)
February 15, 2019, Neil was
senior to Pramod but didn't
manage directly

Neil Patel is an astounding proficient, who brings the majority of the abilities and skill in digital marketing brand the board, content promoting and web-based social networking showcasing.

Mario Peshev
CEO @ DevriX - Hiring
Developers
December 23, 2018, Mario
worked with Neil but at
different companies

Neil has been my go-to resource for all sorts of digital marketing, SEO, content strategy, community building, and brand development through free content. His content was absolutely instrumental to my professional growth, scaling my agency from 25 to 40+, refining my inbound marketing strategy, a... See more

2.2 Il tuo cliente ideale

Una volta effettuata l'ottimizzazione del tuo profilo personale, è giunto il momento di creare quello che viene chiamato **Customer Persona**.

Se la tua attività è già avviata e solida, sicuramente sai di cosa sto parlando, ma se stai lanciando il tuo nuovo servizio o il tuo nuovo prodotto ne sentirai sicuramente parlare spesso.

Ti aiuterà a capire chi è esattamente il tuo cliente, cosa si aspetta da te, qual è il tipo di contenuto che apprezza e quali sono i valori che condivide con te.

È uno strumento assolutamente fondamentale anche per l'uso di LinkedIn e per le strategie che spiegheremo in seguito.

Prima di tutto: **cosa sono i Customer Persona**? Sono **descrizioni fittizie e generalizzate che rappresentano il tuo cliente ideale**. Queste rappresentazioni ci aiutano nelle nostre strategie di marketing, vendita e assistenza dei prodotti.

Molto spesso, specialmente quando si lavora su un prodotto o servizio innovativo, gli esperti raccomandano di svolgere **interviste** con un gruppo di persone potenzialmente interessate alla tua idea in modo da porre loro domande che vanno non solo a rispondere a **"Hanno bisogno del mio servizio?"**, ma anche per capire meglio quali sono i punti deboli e forti della tua idea imprenditoriale.

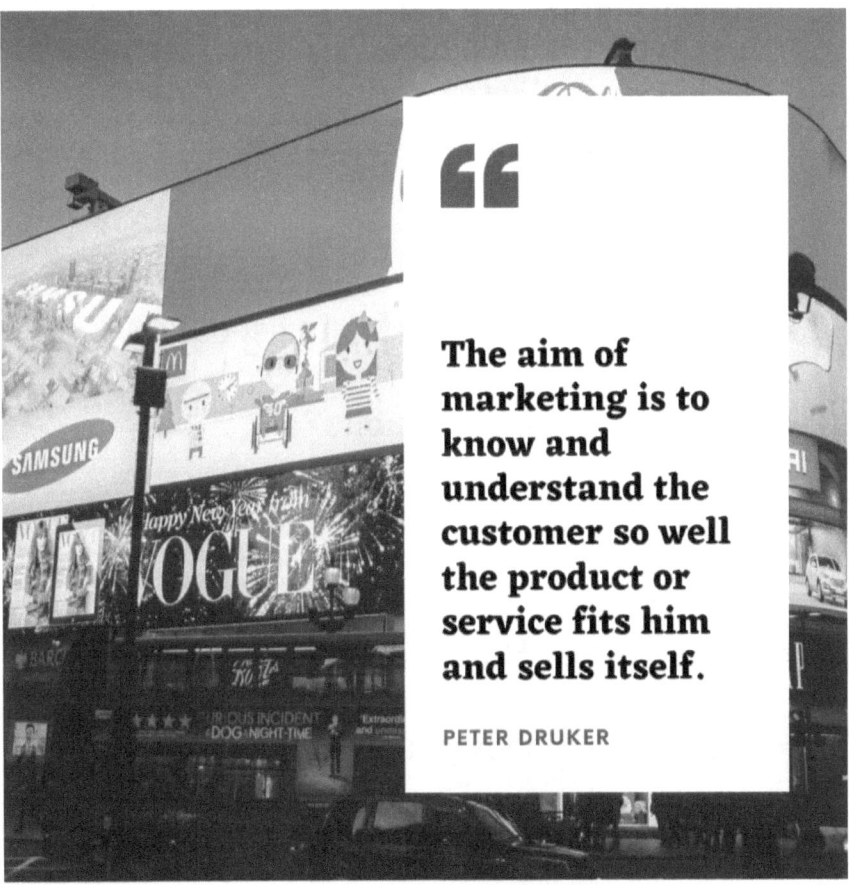

The aim of marketing is to know and understand the customer so well the product or service fits him and sells itself.

PETER DRUKER

Di seguito ti elenco una serie di domande che puoi utilizzare per costruire una Customer Persona:

- qual è il **tuo ruolo ed** il tuo **titolo**?

- **Come vengono misurati gli obiettivi legati al tuo ruolo?**

- Quali **competenze** e abilità sono necessarie per svolgere il tuo ruolo?

- Quali **strumenti** usi nel tuo lavoro?

- In quale **settore** lavori?

- Qual è la **dimensione** dell'azienda?

- **Di cosa sei responsabile?**

- Quali sono le **sfide** che contraddistinguono il tuo ruolo?

- Sei sposato? Hai figli? Quanti anni hai?

- Qual è il tuo background **educativo**?

- Qual è stata la tua **carriera**?

Quelle che ho appena segnalato sono domande generali, ma ti consiglio di renderle più specifiche perché riceverai risposte dettagliate e risolverai i tuoi dubbi.

Customer Persona template

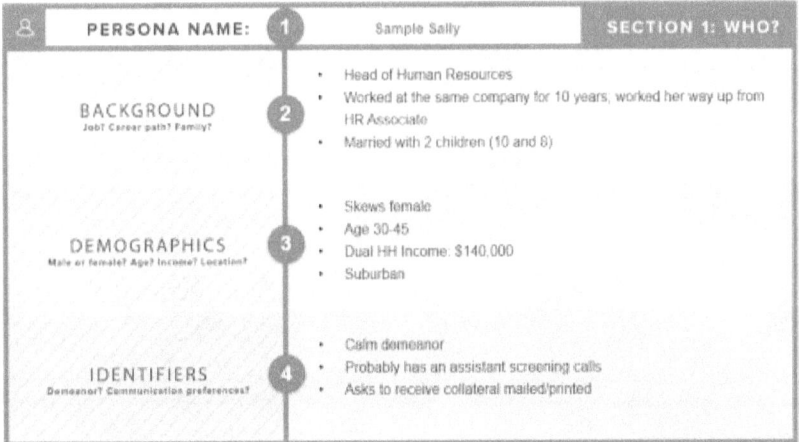

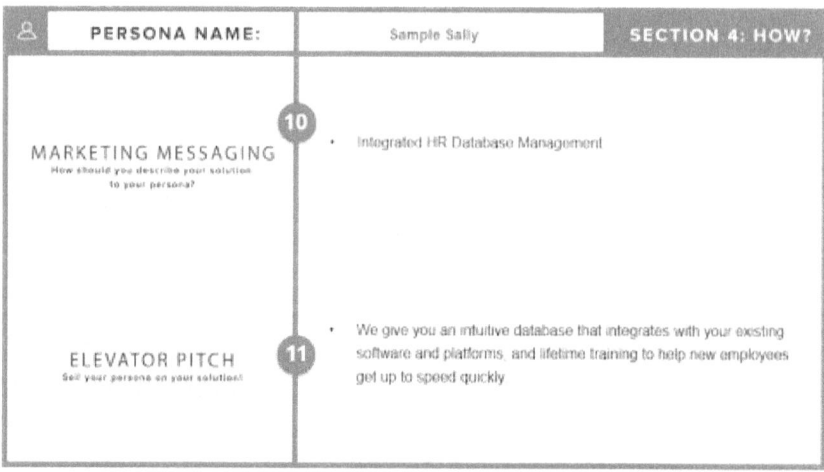

PERSONA NAME:	Sample Sally	SECTION 4: HOW?

MARKETING MESSAGING
How should you describe your solution to your persona?

(10)

- Integrated HR Database Management

ELEVATOR PITCH
Sell your persona on your solution!

(11)

- We give you an intuitive database that integrates with your existing software and platforms, and lifetime training to help new employees get up to speed quickly

PERSONA NAME:	Sample Sally	SECTION 3: WHY?

REAL QUOTES
About goals, challenges, etc.

(8)

- "It's been difficult getting company-wide adoption of new technologies in the past."
- "I don't have time to train new employees on a million different databases and platforms."
- "I've had to deal with so many painful integrations with other departments' databases and software."

COMMON OBJECTIONS
Why wouldn't they buy your product/service?

(9)

- I'm worried I'll lose data transitioning to a new system
- I don't want to have to train the entire company on how to use a new system

2.3 Comprendere i client B2B

Una volta creato il Customer Persona, sarai in grado di capire chi è la persona che stai contattando, come comunicare con lui, quali sono le sue esigenze e quindi sarai pronto a generare contatti e potenzialmente sederti al tavolo delle trattative per vendere il tuo prodotto o servizio.

Ma prima di tutto vorrei approfondire le **caratteristiche di un cliente B2B e delle vendite B2B**:

- i clienti B2B sono normalmente molto **concentrati** sulla comprensione della **logica del prodotto**

- La decisione di un cliente B2B normalmente include un **processo che consiste in diversi passaggi** che normalmente includono la **decisione congiunta di più di una persona**

- Di solito il **processo di vendita è lungo**.

- Il processo di acquisto di un prodotto o servizio B2B richiede l'instaurazione di un **rapporto di fiducia e rispetto reciproco tra il venditore e l'acquirente**, in cui il venditore si trova spesso nel ruolo di consulente esterno, consigliando e guidando l'acquirente per assicurarsi che tragga vantaggio dal potenziale del prodotto

- Nel marketing relativo alla vendita di servizi o prodotti B2B, **il marchio viene creato attraverso relazioni personali e vendite attraverso la consulenza**.

Here's my whole marketing idea: treat people the way you want to be treated.

GARTH BROOKS

2.4 Ricerca Avanzata di LinkedIn

Ora che hai chiaro chi è il tuo cliente e come acquista, mi piacerebbe immergermi nello strumento di ricerca avanzata di LinkedIn, lo **strumento che ti consente di segmentare il tuo target di potenziali clienti in modo molto dettagliato.**

Attraverso la Customer persona sai già chi è il tuo obiettivo ideale e **per convertirlo in risultati LinkedIn,** dovresti **concentrarti su queste domande:**

1. in quale **settore** lavora il mio cliente ideale?

2. In quale città / **regione** vive? Lavora localmente? A livello nazionale? A livello internazionale?

3. Qual è il suo **titolo** professionale? E qual è il suo livello di **anzianità**?

4. È un **collegamento di 1 °, 2 ° o 3 ° livello su LinkedIn**?

PS. se non sei sicuro di cosa siano le connessioni LinkedIn e come funzionano, controlla quanto segue.

Cosa sono le connessioni di 1°, 2° e 3° livello?

Connessioni di 1º livello

Persone a cui sei direttamente collegato perché hai accettato il loro invito a connettersi o hanno accettato il tuo invito. Vedrai un'icona di 1 ° grado accanto al loro nome nei risultati di ricerca e sul loro profilo. Puoi contattarli inviando un messaggio su LinkedIn.

Connessioni di 2º livello

Le persone che sono connesse alle tue connessioni di 1 ° grado. Vedrai un'icona di 2 ° grado accanto al loro nome nei risultati di ricerca e sul loro profilo. Puoi inviare loro un invito facendo clic sul pulsante Connetti nella pagina del loro profilo o contattandoli tramite InMail.

Connessioni di 3º livello

Persone che sono connesse alle tue connessioni di 2 ° grado. Vedrai un'icona di 3 ° grado accanto al loro nome nei risultati di ricerca e sul loro profilo.

1. Se vengono visualizzati il loro nome e cognome completi, è possibile inviare loro un invito facendo clic su Connetti.

2. Se viene visualizzata solo la prima lettera del loro cognome, fare clic su Connetti non è un'opzione ma è possibile contattarli tramite InMail.

Esempio: il tuo cliente ideale è un Digital Marketing Manager che vive negli Stati Uniti, che è una Connessione di 3º livello e che lavora nell'industria del Marketing & Advertising

1. Vai sulla barra di ricerca e digita "Digital Marketing Manager". Una volta fatto, fai clic su "Cerca tutti i risultati per" **Digital Marketing Manager** ".

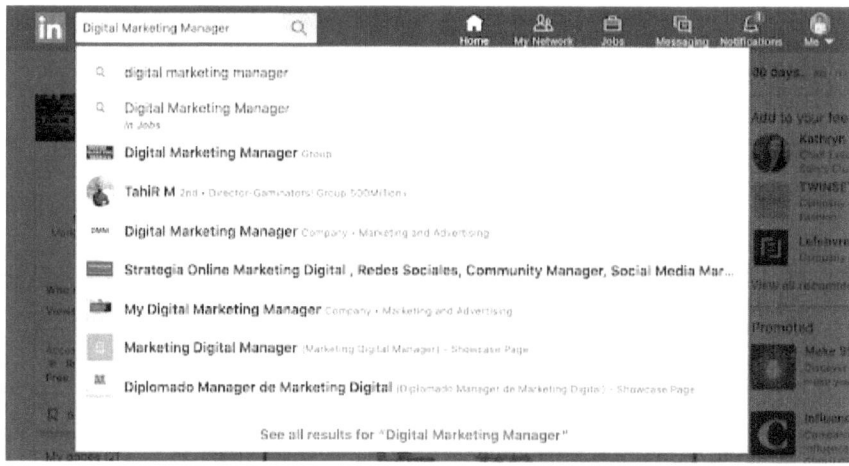

2. Otterrai questa schermata

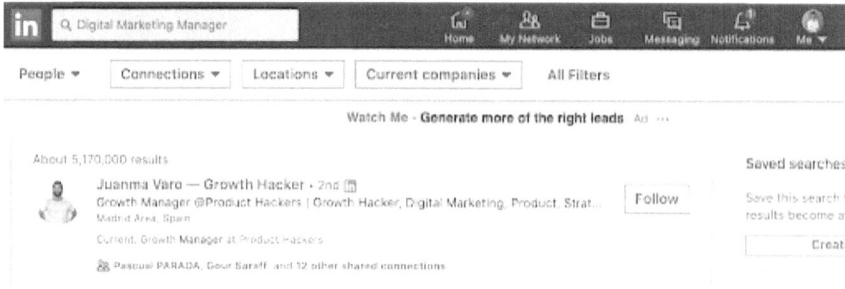

3. Fai clic su "Tutti I filtri" e otterrai questa schermata

All people filters

First name

Company

Connections
- [ ] 1st

Last name

School
- [ ] 2nd
- [ ] 3rd+

Title

Connections of

[Add connection of]

Locations

[Add a location]
- [ ] United States
- [ ] Greater Salt Lake City Area
- [ ] India
- [ ] United Kingdom
- [ ] San Francisco Bay Area

Current companies

[Add a company]
- [ ] Google
- [ ] LinkedIn
- [ ] Microsoft
- [ ] Amazon
- [ ] Facebook

Past companies

[Add a company]
- [ ] Microsoft
- [ ] IBM
- [ ] Unilever
- [ ] Google
- [ ] Procter & Gamble

Industries

[Add an industry]
- [ ] Marketing and Advertising
- [ ] Information Technology and Services
- [ ] Internet
- [ ] Computer Software
- [ ] Staffing and Recruiting

Profile language
- [ ] English
- [ ] French
- [ ] Spanish
- [ ] Italian
- [ ] Portuguese

Nonprofit interests
- [ ] Skilled Volunteering

Schools

[Add a school]

4. Qui selezionerai la connessione" 3 ", località " Stati Uniti ", settore "Marketing e pubblicità"

5. Ed eccoci qui con l'elenco dei potenziali clienti con   cui   puoi   connetterti!

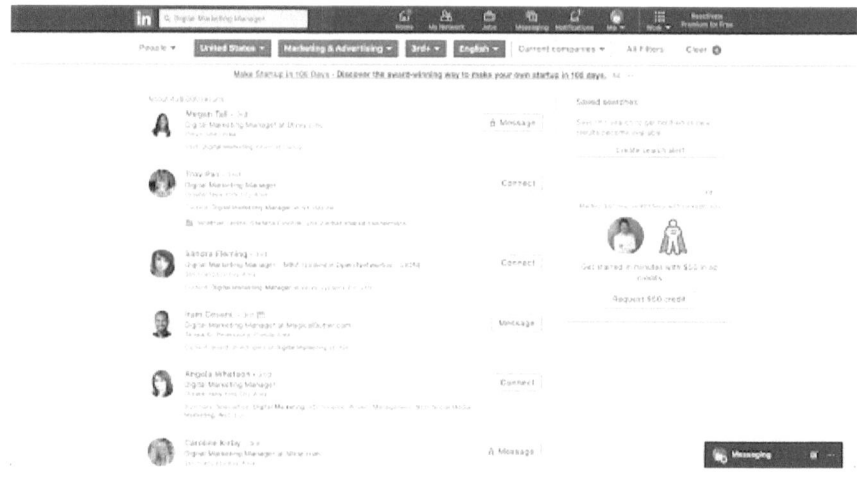

Ora sai come segmentare il tuo cliente attraverso LinkedIn e sei pronto ad applicare la strategia che ho usato per convertire 15% delle persone contattate in potenziali clienti.

Ma prima, ho selezionato per te una serie di titoli di lavoro che ti possono essere utili nella ricerca del cliente.

Titoli di lavoro

Titoli di lavoro Marketing	
Marketing Specialist Marketing Manager Marketing Director Graphic Designer Marketing Research Analyst Marketing Communications Manager Marketing Consultant Product Manager SEO Manager Content Marketing Manager	Copywriter Media Buyer Digital Marketing Manager ecommerce Marketing Specialist Brand Strategist Vice President of Marketing Media Relations Coordinator Public Relations Social Media Assistant Brand Manager
Titoli di lavori Amministrativi	

Administrative Assistant
Receptionist
Office Manager
Auditing Clerk
Bookkeeper
Account Executive
Branch Manager
Business Manager
Quality Control
Coordinator
Office Assistant
Secretary
Office Clerk
Risk Manager

File Clerk
Account Collector
Administrative Specialist
Executive Assistant
Program Administrator
Program Manager
Administrative Analyst
Data Entry
Project Manager
Administrative Manager
Chief Executive Officer
Business Analyst
Human Resources

Titoli di lavoro C –Level

CEO — Chief Executive Officer
COO — Chief Operating Officer
CFO — Chief Financial Officer
CIO — Chief Information Officer
CTO — Chief Technology Officer

CMO — Chief Marketing Officer
CHRO — Chief Human Resources Officer
CDO — Chief Data Officer
CPO — Chief Product Officer
CCO — Chief Customer Officer

Titoli di lavoro Leadership

Team Leader	Supervisor
Manager	Superintendent
Assistant Manager	Head
Executive	Overseer
Director	Chief
Coordinator	Foreman
Administrator	Controller
Controller	Principal
Officer	President
Organizer	Lead

Titoli di lavoro IT

	Computer Programmer
Computer Scientist	Network Administrator
IT Professional	Information Security
UX Designer & UI	Analyst
Developer	Artificial Intelligence
SQL Developer	Engineer
Web Designer	Cloud Architect
Web Developer	IT Manager
Help Desk Worker /	Technical Specialist
Desktop Support	Application Developer
Software Engineer	Chief Technology Officer
Data Entry	(CTO)
DevOps Engineer	Chief Information Officer
	(CIO)

Titoli di lavoro Vendita

Sales Associate
Sales Representative
Sales Manager
Retail Worker
Store Manager
Sales Representative
Sales Manager
Real Estate Broker
Sales Associate
Cashier
Store Manager

Account Executive
Account Manager
Area Sales Manager
Direct Salesperson
Director of Inside Sales
Outside Sales Manager
Sales Analyst
Market Development
Manager
B2B Sales Specialist
Sales Engineer
Merchandising Associate

Titoli di lavoro Costruzioni

Construction Worker
Taper
Plumber
Heavy Equipment
Operator
Vehicle or Equipment
Cleaner
Carpenter
Electrician
Painter
Welder
Handyman

Boilermaker
Crane Operator
Building Inspector
Pipefitter
Sheet Metal Worker
Iron Worker
Mason
Roofer
Solar Photovoltaic Installer
Well Driller

Titolari di Attività

CEO
Proprietor
Principal
Owner
President

Administrator
Director
Managing Partner
Managing Member
Founder

Posizioni nelle aziende

Board of Directors
C-Level or C-Suite.
Shareholders
Managers
Supervisors
Front-Line Employees
Quality Control

Human Resources
Accounting Staff
Marketing Staff
Purchasing Staff
Shipping and Receiving
Staff
Office Manager
Receptionist

Titoli di lavoro Customer Service

Virtual Assistant
Customer Service
Customer Support
Concierge
Help Desk

Customer Service Manager
Technical Support
Specialist
Account Representative
Client Service Specialist
Customer Care Associate

Titoli di lavoro Operations

Operations Manager
Operations Assistant
Operations Coordinator
Operations Analyst
Continuous Improvement
Consultant

Operations Director
Vice President of
Operations
Operations Professional
Scrum Master
Continuous Improvement
Lead

Titoli di lavoro Finanza e Bilanci

Financial Analyst
Credit Authorizer
Finance Manager
Benefits Manager
Economist
Credit Counselor
Payroll Manager
Accountant
Payroll Clerk
Bookkeeper
Financial Planner
Accounting Analyst
Financial Services
Accounting Director
Representative
Accounts Payable /
Finance Director
Receivable Clerk
Commercial Loan Officer
Auditor
Bookkeeper
Budget Analyst
Accounting Analyst
Controller
Accounting Director
Credit Authorizer
Accounts Payable /
Benefits Manager
Receivable Clerk
Credit Counselor
Auditor
Accountant
Budget Analyst
Controller

Titoli di lavoro Ingegneria

Engineer
Mining Engineer
Mechanical Engineer
Nuclear Engineer
Civil Engineer
Petroleum Engineer
Electrical Engineer
Plant Engineer
Assistant Engineer
Production Engineer
Chemical Engineer
Quality Engineer
Chief Engineer
Safety Engineer
Drafter
Sales Engineer
Engineering Technician
Biological Engineer
Geological Engineer
Maintenance Engineer

Titoli di lavoro Ricercatori e Analissti

Researcher	Biostatistician
Research Assistant	Title Researcher
Data Analyst	Market Researcher
Business Analyst	Title Analyst
Financial Analyst	Medical Researcher

Titoli di lavoro Insegnanti

Mentor	Preschool Teacher
Tutor / Online Tutor	Test Scorer
Teacher	Online ESL Instructor
Teaching Assistant	Professor
Substitute Teacher	Assistant Professor

Titoli di lavoro Artistici

Graphic Designer	Novelist / Writer
Artist	Computer Animator
Interior Designer	Photographer
Video Editor	Camera Operator
Video or Film Producer	Sound Engineer
Playwright	Motion Picture Director
Musician	Actor
Director of Photography	Music Producer

Titoli di lavoro Salute

Nurse	Dental Hygienist
Travel Nurse	Orderly
Nurse Practitioner	Personal Trainer
Doctor	Massage Therapy
Caregiver	Medical Laboratory Tech
CNA	Phlebotomist
Physical Therapist	Medical Transcriptionist
Pharmacist	Telework Nurse / Doctor
Pharmacy Assistant	Medical Laboratory Tech
Medical Administrator	Physical Therapy Assistant
	Massage Therapy

Titoli di lavoro Ospitalità

Housekeeper
Flight Attendant
Travel Travel Agent
Hotel Front Door Greeter
Bellhop
Cruise Director
Entertainment Specialist
Hotel Manager
Front Desk Associate
Front Desk Manager
Porter
Spa Manager
Wedding Coordinator

Cruise Ship Attendant
Casino Host
Hotel Receptionist
Reservationist
Events Manager
Meeting Planner
Lodging Manager
Director of Maintenance
Valet
Concierge
Group Sales
Event Planner

Titoli di lavoro Food

Waiter / Waitress
Server
Chef
Fast Food Worker
Barista
Line Cook

Cafeteria Worker
Restaurant Manager
Wait Staff Manager
Bus Person
Restaurant Chain
Executive

Titoli di lavoro Scienziati

Political Scientist
Chemist
Conservation Scientist
Sociologist
Biologist

Geologist
Physicist
Astronomer
Atmospheric Scientist
Molecular Scientist

Titoli di lavoro On-the-Phone

Call Center Representative	Dispatcher for Trucks or Taxis
Customer Service	Customer Support Representative
Telemarketer	
Telephone Operator	
Phone Survey Conductor	Over the Phone Interpreter
Mortgage Loan Processor	Phone Sales Specialist

Titoli di lavoro Consulenza

Counselor	Guidance Counselor
Mental Health Counselor	Social Worker
Addiction Counselor	Therapist
School Counselor	Life Coach
Speech Pathologist	Couples Counselor

Titoli di lavoro Cosmetica

Beautician	Makeup Artist
Hair Stylist	Esthetician
Nail Technician	Skin Care Specialist
Cosmetologist	Manicurist
Salon Manager	Barber

Titoli di lavoro Scrittura

Journalist	Columnist
Copy Editor	Public Relations Specialist
Editor / Proofreader	Proposal Writer
Content Creator	Content Strategist
Speechwriter	Grant Writer
Communications Director	Video Game Writer
Screenwriter	Translator
Technical Writer	Film Critic
Social Media Specialist	Copywriter
Ghostwriter	Travel Writer

Physical Labor Lavoro Fisico

Warehouse Worker
Painter
Truck Driver
Heavy Equipment
Operator
Welding

Physical Therapy Assistant
Housekeeper
Landscaping Worker
Landscaping Assistant
Mover

Altri Titoli di lavoro

Archivist
Actuary
Architect
Personal Assistant
Entrepreneur
Security Guard
Mechanic
Recruiter
Mathematician
Locksmith
Management Consultant
Shelf Stocker
Caretaker or House Sitter
Library Assistant

Translator
HVAC Technician
Attorney
Paralegal
Executive Assistant
Personal Assistant
Bank Teller
Parking Attendant
Machinery Operator
Manufacturing Assembler
Funeral Attendant
Assistant Golf Professional
Yoga Instructor

CHAPTER:3

THE 15% CONVERSION RATE LEADGEN STRATEGY CRLS

3.1 I risultati che ho ottenuto

Eccoci giunti al terzo capitolo, quello in cui ti spiego **passo dopo passo** qual è la **strategia che** ho applicato per convertire il mio **piano di marketing** in un vero **successo**. Tutti i fattori che abbiamo menzionato nel secondo capitolo che riguardano principalmente l'ottimizzazione del profilo e del tuo marchio personale, influenzeranno direttamente i risultati che potrai ottenere applicando questa strategia.

Perché?

Perché il fattore **credibilità** del tuo marchio viene fuori quando il tuo potenziale cliente visita il tuo profilo personale. Se si trova di fronte a un profilo di scarsa qualità, con poche informazioni e poco professionale, le probabilità che tu riceva una sua risposta saranno molto basse perché non sarai credibile ai suoi occhi. D'altra parte, un **profilo curato,** che **racconta una storia**, la tua storia, spiega **chi sei**, **cosa fai e come lo fai**, ti darà **molte più possibilità di sederti al tavolo** con lui.

Durante questi anni di utilizzo degli strumenti di LinkedIn e l'ottimizzazione della strategia che sto per spiegare, ho raggiunto con successo risultati molto soddisfacenti. In media ogni 100 persone che contatto, almeno 15 di loro mi rispondono inviando le loro informazioni di contatto come numeri di telefono o indirizzi e-mail!

I risultati della strategia:

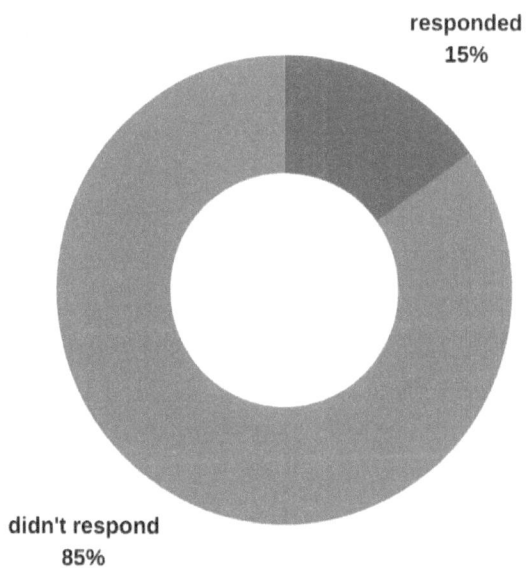

Questo risultato si basa su alcuni dei fondamenti del marketing e delle vendite:

1. Vai **direttamente al punto**

2. **Crea una connessione** tra te e la persona di contatto

3. Posizionati come una **persona autorevole e credibile**

4. Usa un tono **amichevole**

5. Fornisci una **soluzione puntuale**

6. Preferibilmente **poni domande aperte**

7. **Genera una necessità e crea uno stato d'ansia**

8. Creare un **sentimento di scarsità**

Attraverso questi **pilastri della comunicazione e della psicologia**, chiunque può diventare un venditore efficace.

> **Never forget that you only have one opportunity to make a first impression - with investors, with customers, with PR, and with marketing.**
>
> NATALIE MASSENET

Quale strategia ho usato?

1. Ho **studiato** le caratteristiche dei **miei** principali **clienti**

2. ho identificato un **target ideale**

3. ho usato **gli strumenti di segmentazione di LinkedIn** per identificare **quante persone avrei potuto raggiungere,**

4. ho sviluppato **varie alternative di messaggi (template)** che ho testato per verificare quale fosse la più efficiente. Ad esempio, ho scoperto che quei messaggi lunghi e noiosi che ricevi ogni giorno hanno un tasso di conversione molto basso. Quindi, dovremmo andare dritto al punto!

5. Ho usato gli **strumenti di test AB** e il modello kanban per tenere traccia dell'avanzamento dei miei test seguendo questi parametri:

   a. Tasso di risposta: ogni 100 messaggi inviati, quante risposte ricevo?

   b. Tasso di conversione: ogni 100 messaggi inviati, quanti contatti raccolgo?

   c. Tasso di appuntamento: di quei contatti raccolti, quanti organizzano un appuntamento con me?

   d. Tasso di vendita: di quegli appuntamenti previsti, quanti si convertono in clienti?

6. Ho identificato i **periodi migliori durante i quali il mio obiettivo ha risposto più frequentemente (nelle ore del mattino, intorno alle 8 - 9:00)**

7. Ho **tenuto traccia e rinvigorito la curiosità** di quelle persone che non avevano risposto ai miei messaggi, contattandoli di nuovo

8. ho usato **strumenti di automazione** per rendere più rapida e scalabile la strategia

9. ho usato **gli strumenti a pagamento di LinkedIn** per espandere ulteriormente la mia base di utenti e conoscerne le caratteristiche ancora meglio.

Tutti questi punti, se riassunti in modo conciso, danno forma a quello che viene chiamato un **funnel che sostanzialmente consiste in un modello che riassume tutti i passaggi necessari per convertire una persona sconosciuta in un cliente**.

3.2 Il Funnel di Vendita

Questo è il capitolo più importante del libro.
Come accennato, parlerò del funnel usato come roadmap, in cui il concetto è che **più persone entrano nel funnel, più conosci il tuo pubblico e meglio sei in grado di affrontare i loro punti deboli**. Tempo ed efficienza ti insegneranno a convertire più contatti in clienti.

The LinkedIn 15% Conversion Rate FUNNEL

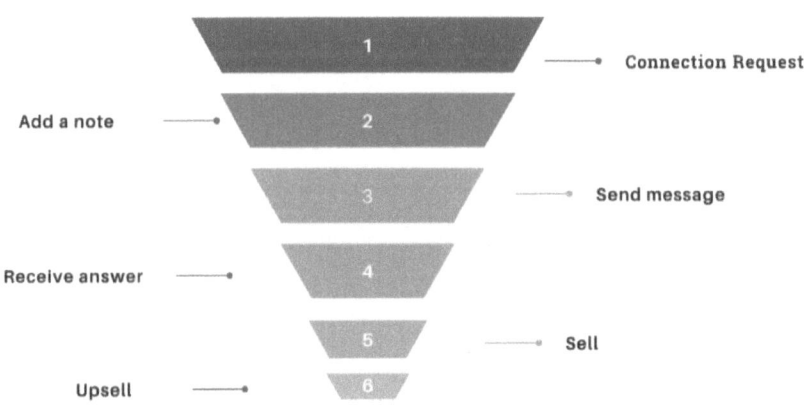

Ricordi l'esempio del Digital Marketing Manager che abbiamo menzionato nel capitolo precedente? Diciamo che voglio contattare **Trov Pan, Digital Marketing Manager di New York City.**

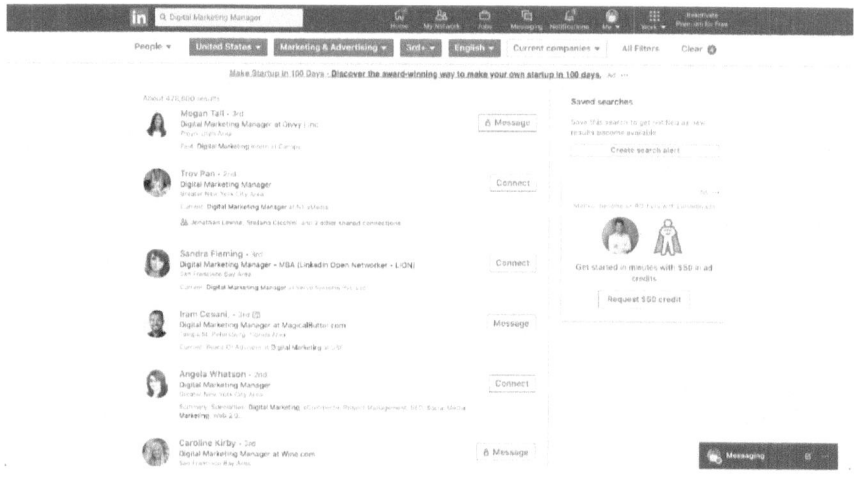

1. Fai click su Collegati

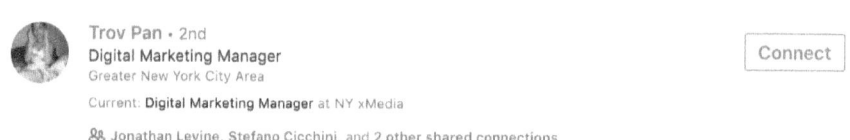

2. Aggiungi una nota

In questa sezione puoi utilizzare il tuo messaggio personale o utilizzare uno dei modelli che ho usato personalmente che ho riassunto a partire dal capitolo 3.3.

Invite Trov to connect ✕

Build a quality network by connecting only with people you know.

Message (optional)

```
Ex: We know each other from...
```

300 / 300

 PREMIUM

Don't know Trov? Send an InMail with Premium to introduce yourself. More people reply to an InMail than a connection request.

Reactivate for Free

Cancel   **Send invitation**

3. Ricevi una risposta

4. Pianifica una riunione

Dopo aver ricevuto una risposta, non perdere tempo e passa al passaggio successivo programmando una riunione.

5. Vendi

Questo è il punto che mi piace di più perché è il momento in cui devi vendere, sia al telefono che in un incontro faccia a faccia con la persona di riferimento.

6. Upsell

Se sei abbastanza bravo da concludere una o più negoziazioni e il tuo cliente è soddisfatto del servizio o del prodotto offerto, sarà tempo di renderlo un cliente a lungo termine e poi vendergli altri prodotti o servizi.

Ora che hai avuto accesso alla strategia specifica per convertire il 15% delle persone contattate in potenziali clienti, è tempo di passare alla fase successiva, ovvero i modelli da utilizzare per i tuoi primi messaggi di contatto.

3.3 Template 1: Il Punto Dolente

Target: contatti di 1 ° grado

Obiettivo: usare il loro punto dolente per stabilire un contatto

Messaggio

Ciao [Nome],

potresti inviarmi il tuo numero di telefono dove posso contattarti direttamente?

Ho notato che continui a non essere presente nei risultati di Google My Business [punto critico], che è un'opportunità che credo non dovresti perdere.

Grazie,

[Il tuo nome]

3.4 Template 2: Persona Appropriata

Target: contatti di 1 ° grado

Obiettivo: rivolgersi alla persona appropriata con cui parlare

---

Messaggio

Ciao [Nome],

Sto scrivendo nella speranza di trovare la persona appropriata che gestisce [dipartimento]. Nella mia azienda stiamo selezionando alcuni partner per [soluzione] e mi piacerebbe capire se fosse possibile trovare delle sinergie e raggiungere insieme [obiettivo].

Grazie,

[Il tuo nome]

3.5 Template 3: Introduzione alle connessioni di 2° grado

Target: contatti di 2 ° grado

Obiettivo: chiedere un'introduzione alla connessione di 2 ° grado attraverso una connessione di 1 ° grado

Messaggio

Ciao [Nome],

è stata una bella chiacchierata con te la scorsa settimana. Come mi hai menzionato la scorsa settimana, hai affermato che potrebbe avere senso connettermi con [contatto di 2 ° grado]. Sono sicuro che sei molto impegnato in questo momento, quindi ho allegato un breve messaggio qui sotto per rendere l'introduzione il più semplice possibile per te. Detto questo, saresti in grado di presentarmi?

Grazie!

[Il tuo nome]

3.6 Template 4: usare come leva le connessioni di 2° grado

Target: contatti di 2 ° grado

Obiettivo: usare la leva di una connessione di 1 ° grado senza chiedere un'introduzione.

Messaggio

Ciao [Nome],

potresti inviarmi il tuo numero di telefono dove posso contattarti direttamente? Ho notato che continui a non essere presente su Google My Business [punto critico], che è un'opportunità che credo non dovresti perdere.

Ho pensato che potesse avere senso parlare con noi. In caso contrario, con chi mi consigli di parlare?

Grazie,

[Il tuo nome]

3.7 Template 5: Membri di un gruppo

Target: membri di un gruppo

Goal: Contattare i membri di un gruppo

Ciao [Nome],

ho visto che siamo entrambi membri di [gruppo] e ho pensato che potesse avere senso per noi parlare. Ho notato che continui a non essere presente su Google My Business [punto critico], che è un'opportunità che credo non dovresti perdere.

Potresti inviarmi il tuo numero di telefono dove posso contattarti direttamente?

Grazie!

[Il tuo nome]

3.8 Template 6: Feed delle notizie

Target: persona che è apparsa nel tuo news feed

Obiettivo: usare il suo punto critico per stabilire una connessione.

Messaggio

Ciao [Nome],

[inserire il contesto di riferimento riguardo al post visto sul feed di LinkedIn]. Ho notato che continui a non essere presente su Google My Business [punto critico], che è un'opportunità che credo non dovresti perdere.

Potresti inviarmi il tuo numero di telefono dove posso contattarti direttamente?

Grazie!

[Il tuo nome]

3.9 Template 7: Eventi

Target: persone che hanno partecipato ad eventi o sono comparsi in articoli di giornale.

Obiettivo: chiedere le informazioni di contatto

Ciao [Nome],

Congratulazioni per essere stato presentato in XXX. Ho notato che continui a non essere presente su Google My Business [punto critico], che è un'opportunità che credo non dovresti perdere.

Potresti inviarmi il tuo numero di telefono dove posso contattarti direttamente?

Grazie!

[Il tuo nome]

3.10 Template 8: Nessuna Risposta

Target: Contattare clienti che non hanno risposto

Goal: Generare una seconda opportunità

Messaggio

Ciao [Nome],

non ho avuto tue notizie la scorsa settimana. Se ha senso parlare, fammi sapere quando sei libero. In caso contrario, chi è la persona adatta con cui parlare?

Grazie,

[il tuo nome]

3.12 Template 9: Pianificare una riunione

Scenario 1: se il potenziale cliente ha risposto positivamente

Ciao [Nome],

ho appena inviato un invito a Google Calendar per questo giovedì alle 11:30 con i miei riferimenti allegati.

Se hai delle domande nel frattempo o se ci sono cambiamenti nella programmazione, sentiti libero di inviarmi una nota.

A presto,

[Il tuo nome]

Scenario 2: se il potenziale cliente ha risposto positivamente ma senza indicare un orario specifico

Ciao [Nome]

è stato un piacere parlare con te, qui di seguito ti indico un paio di slot disponibili nel mio calendario:

-

-

Che orario ti viene più comodo? Fammi sapere cosi da poter organizzare il nostro appuntamento. Se nessuna di queste opzioni funziona per te, fammi sapere quando ti fa più comodo!

Grazie

[Il tuo nome]

3.12 A/B Test e il modello Kanban

Uno dei metodi più utilizzati per verificare i risultati ottenuti dalla commercializzazione di nuovi prodotti / servizi è quello dello split test, chiamato anche **test A/B**. Il test A/B consiste **nell'offrire diverse versioni dello stesso prodotto a diversi gruppi di clienti contemporaneamente.** Osservando le modifiche al comportamento dei clienti, è possibile misurare immediatamente l'impatto delle diverse variazioni. Ad esempio l'email marketing è stato il pioniere di questa tecnica.

Facciamo un **esempio**, consideriamo che si desideri inviare tre dei diversi template di messaggio che ho fornito nel capitolo 3 a tre diversi gruppi di persone tramite LinkedIn. Il numero totale di persone su cui vuoi testare i risultati dei modelli è 300, dovrai inviare il primo messaggio a 100 persone, il secondo ad altre 100 ed il terzo alle ultime 100 persone.

Il modo in cui puoi misurare la qualità dei modelli è controllando i tassi di conversione che ottieni, consistendo, in questo caso, in:

		hanno visualizzato il messaggio ma non hanno risposto
Quante persone		hanno risposto al messaggio
		Hanno risposto e fornito le proprie informazioni di contatto

Quindi, con la tecnica del test A/B, è possibile misurare i risultati strutturando un diagramma in questo modo:

	Visto	Risposto	Fornito Info
Template 1	90%	15%	7%
Template 2	85%	6%	3%
Template 3	80%	5%	1%

Quello che puoi concludere con questa tabella è che il modello numero 1 è il più efficace perché il 90% delle persone ha visualizzato il messaggio, il 15% ha visualizzato il messaggio e ha risposto e il 7% di loro ha visualizzato il messaggio, ha risposto e fornito le proprie informazioni di contatto.

Questo tipo di tabella consente di tenere traccia dei risultati dei tuoi test e consente di prendere decisioni scientifiche, guidate dalle informazioni raccolte.

Questi tipi di esperimenti sono molto efficienti quando ne abbiamo bisogno per imparare, testare e validare alcuni esperimenti ed è un principio chiamato **Lean Manufacturing, inventato dalla casa automobilistica giapponese Toyota.**

Secondo la metodologia lean, devi **tenere traccia delle variazioni** del tuo prodotto segmentandole per variazioni da fare, in corso, terminate e validate (test riusciti che hanno dimostrato i loro risultati).

È possibile seguire la Metodologia Lean utilizzando la seguente tabella. Ogni colonna può avere un massimo di 3 progetti contemporaneamente.

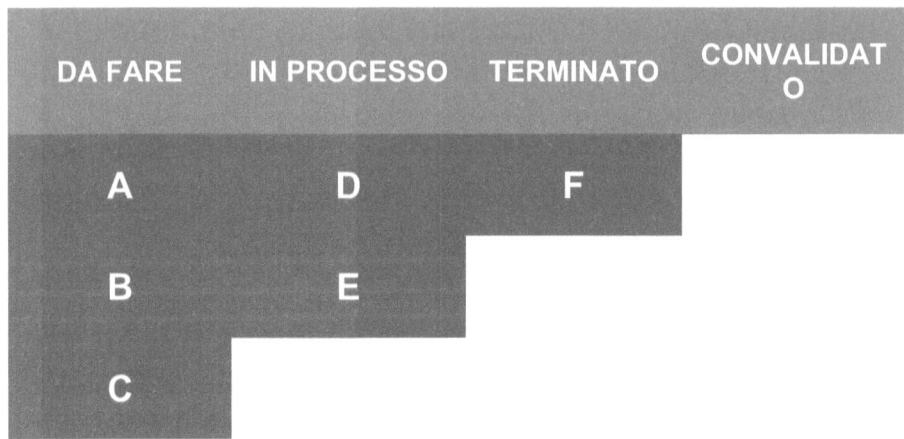

DA FARE	IN PROCESSO	TERMINATO	CONVALIDATO
A	D	F	
B	E		
C			

Si inizia a lavorare con il progetto A. D ed E sono in corso. F è in attesa di convalida.

DA FARE	IN PROCESSO	TERMINATO	CONVALIDATO
G		D	F
H	B	E	
I	C	A	

Hai convalidato F. D ed E sono in attesa di convalida. G, H e I sono nuovi progetti che attendono di essere avviati. B e C sono in corso. A ha terminato la fase di test.

DA FARE	IN PROCESSO	TERMINATO	CONVALIDATO
	G	D	F
H→	B→	E	
I→	C→	A	

B e C sono stati completati, ma nel modello kanban, non possono avanzare verso le seguenti colonne fino al momento in cui A, D ed E siano stati convalidati. Non puoi iniziare a lavorare su H e I a meno che non liberi spazio nelle colonne successive.

CHAPTER : 4

SKYROCKET YOUR LEADGEN STRATEGY

4.1 LinkedIn Ads

Ora che sai come utilizzare gli strumenti di segmentazione gratuiti di LinkedIn e come applicare la strategia di Leadgen che ho usato, in questa sezione parleremo di **come creare campagne pubblicitarie tramite LinkedIn Advertising Manager** che è lo strumento che consente di raggiungere ancora più potenziali clienti attraverso campagne a pagamento.

Personalmente credo che sia un ottimo strumento perché ti consente di segmentare il tuo pubblico di destinazione in modo molto preciso e ti consente di testare diversi segmenti di pubblico e creatività (immagini, testi e Call to Action).

Per creare una campagna LinkedIn, è necessario creare un nuovo account pubblicitario. Una volta fatto, puoi fare clic sul pulsante Crea campagna.

Obiettivo della campagna

Una volta creata una nuova campagna, devi selezionare qual è l'obiettivo della tua campagna.

Notorietà

Questo tipo di obiettivo va selezionato da aziende giovani o poco conosciute che vogliono raggiungere più persone promuovendo il proprio marchio

Considerazione

Questo tipo di obiettivo è per quelle aziende che desiderano che il loro pubblico di destinazione esegua un'azione specifica come fare clic sul link al sito Web, interagire con il post o visualizzare un video.

Conversioni

Questa campagna è dedicata a quelle aziende che devono generare lead, raggiungere nuovi clienti o chiedere loro di eseguire una conversione di siti Web come ad esempio compilare un modulo di contatto e per quelle aziende che sono alla ricerca di nuovi dipendenti.

Località

Un fattore molto importante per una campagna pubblicitaria di successo è il targeting geografico. Alcune persone credono che rivolgersi a un pubblico molto vasto e geograficamente ampio sia meglio che essere precisi. Bene, si sbagliano!

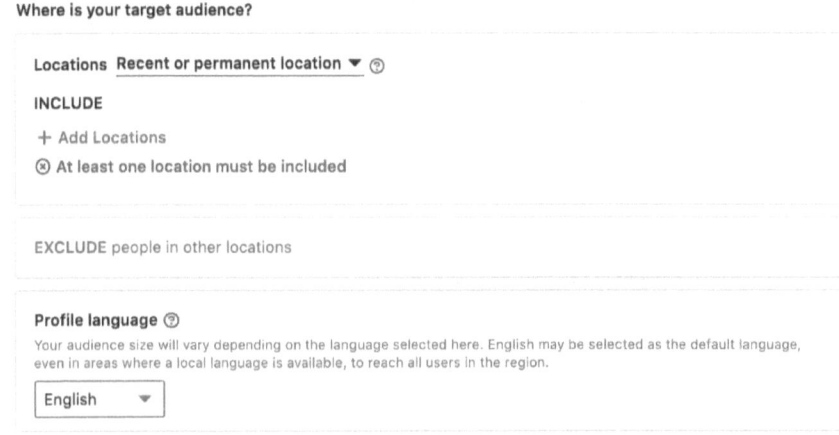

Pubblico

Qui sarai in grado di segmentare correttamente il tuo pubblico di destinazione.

Azienda

in questa sezione è possibile selezionare il tipo di azienda che si desidera tragedizzare, che si tratti di una piccola azienda, o una Fortune 500. Puoi anche segmentare in base al tasso di crescita, al settore in cui opera, al nome dell'azienda e alle dimensioni.

1. <u>Categoria</u>

2. <u>Connessioni dell'azienda</u>

3. <u>Tasso di crescita dell'azienda</u>

4. <u>Settore dell'azienda</u>

5. <u>Nomi aziendali</u>

6. <u>Dimensioni dell'azienda</u>

Dati Demografici

In questa sezione è possibile selezionare l'età e il sesso della persona che si desidera raggiungere.

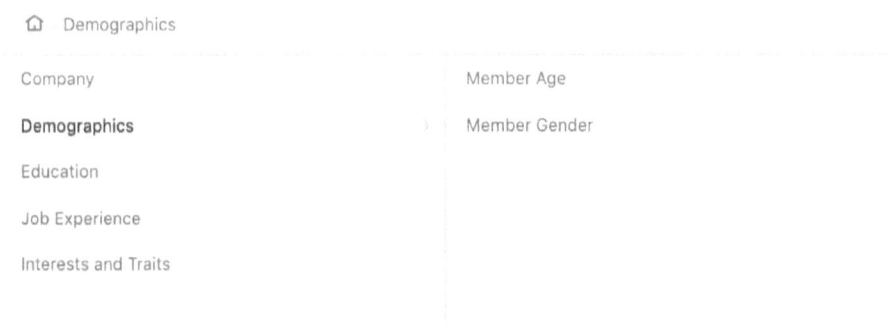

Istruzione

In questa sezione è possibile filtrare in base al livello di istruzione, alla scuola frequentata e al campo di istruzione della persona che si desidera raggiungere.

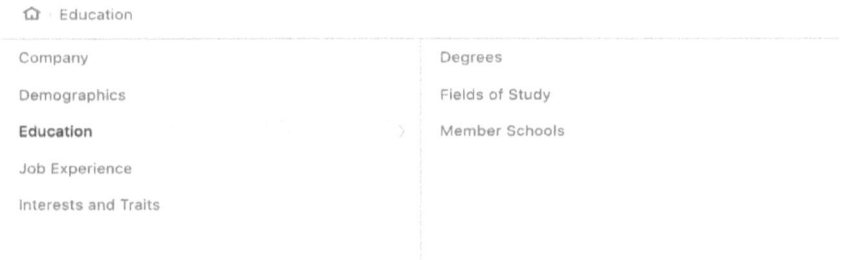

Esperienza di lavoro

In questa sezione è possibile filtrare per esperienza lavorativa, funzioni, livello di anzianità, titolo, competenze, anni di esperienza e interessi.

- Funzioni

- lavorative Anzianità

- lavorativa Titoli professionali

- Competenze per soci

- Anni di esperienza

- Interessi e tratti

⌂ Job Experience	
Company	Job Functions
Demographics	Job Seniorities
Education	Job Titles
Job Experience	Member Skills
Interests and Traits	Years of Experience

Interessi e tratti

In questa sezione puoi specificare quali sono gli interessi e i tratti del tuo pubblico target.

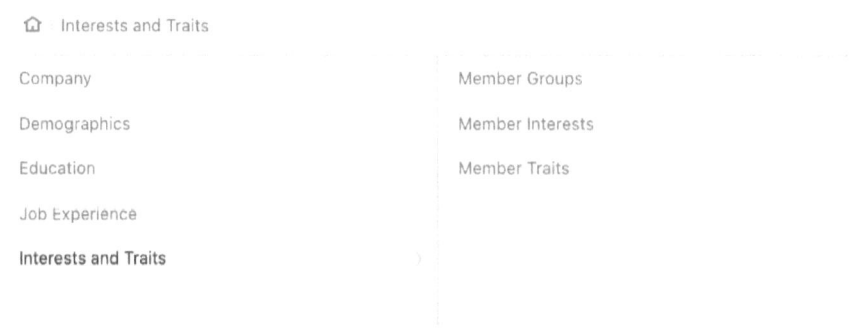

Formato dell'annuncio

Puoi scegliere tra una varietà di formati pubblicitari come immagini, un carosello di immagini, un video, un messaggio di testo, etc.

Posizionamento

In questa sezione puoi scegliere se vuoi fare pubblicità direttamente sulla piattaforma LinkedIn o anche nei siti web dei loro partner.

Placement

LinkedIn Audience Network ⑦
Reach up to 25% more of your target audience by running your ads on LinkedIn and our partner apps and websites.

☐ Enable the LinkedIn Audience Network

ⓘ The LinkedIn Audience Network is not currently available for the objective or ad format you selected.

Monitoraggio delle conversioni

In questa sezione puoi selezionare il tuo monitoraggio delle conversioni. Ad esempio, puoi tenere traccia di quante persone fanno clic sul link della tua campagna, quante scorrono verso il basso il 75% della pagina di destinazione e quante compilano il modulo di contatto e scaricano il PDF.

Conversion tracking (optional) ⑦

Measure the actions members take on your website after clicking or viewing your LinkedIn ad.

+ Add conversions

Budget & Pianificazione

In questa sezione puoi decidere qual è il tuo budget pubblicitario e per quanto tempo vuoi allocarlo.

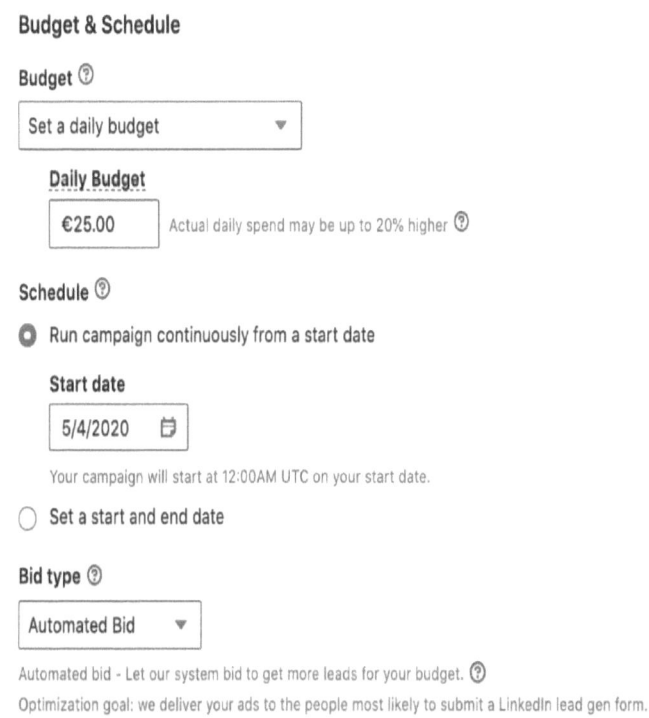

Una volta conclusa la creazione della campagna, sul lato destro potrai vedere una stima dei risultati della tua inserzione:

1. **dimensione pubblico target**

2. **budget** disponibile

3. spesa **massima**

4. impressioni

5. Click Through Rate

6. **potenziali clic generati**.

> **Everyone can benefit from seeing smart marketing.**
>
> LEWIS HOWES

4.2 Creare una pagina aziendale su LinkedIn

LinkedIn, a differenza di altre piattaforme di social come Facebook, è specificamente dedicato alle aziende e per questo motivo è altamente consigliabile creare un profilo aziendale che possa aiutarti ad aumentare la notorietà del tuo marchio, posizionarti come esperto e ottenere più contatti.

Se non hai ancora creato una pagina aziendale per la tua attività su LinkedIn, è tempo di farlo!

Il mio consiglio è innanzitutto di invitare professionisti che già conosci e persone che lavorano nel tuo settore. Saranno più aperti a seguire la pagina della tua azienda.

Come creare una pagina LinkedIn?

1. Vai al **pannello di destra di LinkedIn** e fai clic su Crea nuova pagina e compila le informazioni richieste

2. Fornisci i **dettagli dell'azienda**

3. Aggiungi il tuo **logo** e **descrivi** brevemente la tua azienda

4. Pubblica!

Che tipo di contenuto pubblicare?

A differenza di altre piattaforme di social media, **LinkedIn** è una piattaforma dedicata esclusivamente a professionisti e aziende, pertanto, quelle aziende che sono costantemente presenti e pubblicano contenuti pertinenti per il loro pubblico hanno un indubbio **vantaggio competitivo** rispetto agli altri player sul mercato.

Prima di ancora di creare contenuto per la tua pagina, è importante strutturare un **calendario editoriale** che rispetti le esigenze del pubblico target: su LinkedIn persone e professionisti sono attivi durante la settimana, durante la mattina in particolare, ma non nei weekend.

Di solito **tra le 9 e mezzogiorno è l'orario più indicato per creare contenuto. I professionisti sono attivi durante queste ore** ed è proprio durante la mattina che si attivano per cercare nuovi servizi e collaboratori.

Creare contenuti almeno tre volte a settimana. Il sabato e la domenica, invece, sono giorni durante i quali non è conveniente pubblicare e durante i quali l'impegno è molto basso, quindi il sabato e la domenica dedicati a riposare o rinfrescare le tue strategie per catturare nuovi clienti.

Saturdays and Sundays, on the other hand, are days during which it is not convenient to post and during which the engagement is very low, therefore on Saturdays and Sundays dedicated to resting or refreshing your strategies for capturing new customers.

Calendario dei Social Media

LinkedIn				
Hour	Title	Copy	Images	Link
9 AM				
3 PM				
9 PM				
Facebook				
Hour	Title	Copy	Images	Link
9 AM				
3 PM				
9 PM				

Idee di contenuto

Su LinkedIn i contenuti che generano il maggior coinvolgimento sono:

- **Storytelling del brand**

- **Casi Studio**

- **Info grafici**

- **Aggiornamenti aziendali ed eventi**

- **Rispondere a tematiche calde nel settore**

- **Domande frequenti**

Lo scenario migliore è quello di pubblicare ogni giorno e, come hai potuto vedere, non c'è carenza di materiale da creare per generare interesse, è solo una questione di brainstorming, creazione e realizzazione.

4.3 Promuovere il tuo sito attraverso articoli e blog

Un altro modo per raggiungere nuovi potenziali clienti è **scrivere blog ed articoli per dibattere tematiche d'interesse per il pubblico target.** Abbiamo parlato dell'utilità di avere un calendario editoriale e di pubblicare costantemente contenuti, ma una delle caratteristiche più importanti di LinkedIn è sicuramente la possibilità di scrivere articoli direttamente nella piattaforma e reindirizzare i **backlink** al proprio sito Web.

Come alcuni di voi sanno, generare backlink è una delle chiavi dell'Ottimizzazione per i Motori di Ricerca (SEO), che consente di posizionarsi più in alto nei motori di ricerca e ottenere più traffico.

Se non sei sicuro di quali siano i temi più interessanti che ricercano i tuoi clienti nei motori di ricerca, ti consiglio di utilizzare uno strumento di ricerca per parole chiave o di contattare un professionista al fine di risolvere i tuoi dubbi.

Questi sono alcuni **strumenti di ricerca di parole chiave** che puoi utilizzare:

1. Ubersuggest

2. Spyfu

3. SEMRush

Vediamo ora **in che modo puoi capire di più sul tuo potenziale cliente attraverso le parole chiave**. Facciamo un esempio: se stai promuovendo delle **operazioni dentistiche**, scoprirai che le principali preoccupazioni del tuo pubblico di destinazione sono:

- Il dolore associato all'intervento dentale

- Le conseguenze dell'anestesia

- Gli esempi di operazioni dentali prima e dopo

- I migliori dentisti nel loro paese

Con uno strumento di ricerca per parole chiave, creare articoli e blog specifici sarà semplice.

4.4 Creare un gruppo su LinkedIn

I gruppi di LinkedIn sono un **ottimo strumento per creare una comunità** intorno a persone che condividono gli stessi interessi del settore, poiché cercano le stesse risposte, pubblicano e condividono informazioni simili e ricercano esperti e leader che li possano supportare nella loro attività.

Essere un partecipante attivo in un gruppo può aiutare te e la tua azienda ad entrare in contatto con altri professionisti e imprese nel tuo campo, in particolare con coloro che sono al di fuori della tua cerchia immediata di colleghi, concorrenti e fan.

Come azienda, la creazione di un gruppo LinkedIn sarà la tua **connessione diretta con i tuoi clienti** e ti aiuterà a utilizzare questo strumento per creare un luogo in cui il tuo pubblico può porre domande e connettersi. Ma ricorda, i gruppi non sono spazi pubblicitari in cui bombardare continuamente i partecipanti! Si tratta di **spazi di comunicazione per stabilire relazioni autentiche**.

Inoltre, i gruppi possono aiutarti a rafforzare il tuo **nome e l'autorità del tuo marchio,** quindi ti consiglio di cercare gruppi pertinenti alla tua attività ed iniziare a parteciparvi.

Una volta che avrai iniziato a interagire con i membri del gruppo, puoi anche iniziare a promuovere i tuoi contenuti personali, rimandando traffico al tuo sito web.

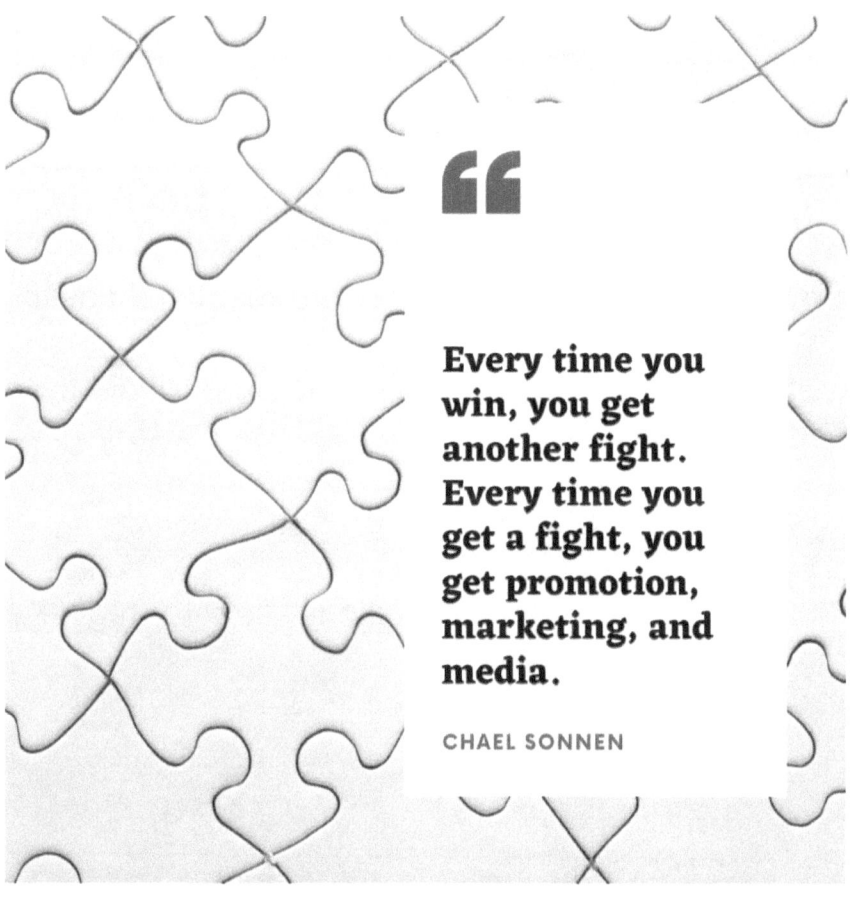

> **Every time you win, you get another fight. Every time you get a fight, you get promotion, marketing, and media.**
>
> CHAEL SONNEN

Come aderire ad un gruppo?

Per unirti a un gruppo di LinkedIn puoi cercare gruppi per nome o parole chiave o cercare i gruppi consigliati da LinkedIn. Vai sulla barra di ricerca nella parte superiore della home page e scegli gruppi; fai clic su Scopri nella parte superiore per visualizzare i gruppi suggeriti; richiedi l'iscrizione facendo clic sul pulsante richiedi di partecipare.

Come creare un gruppo?

Se vuoi creare il tuo gruppo, segui i seguenti passi:

1. Sulla tua home page, apri la barra di destra e fai clic su Gruppi

2. Fai clic su Crea nuovo gruppo

3. Aggiungi nome, descrizione, settore, regole e autorizzazioni.

Come usare i gruppi?

Una volta creato il tuo gruppo LinkedIn, uno dei tuoi compiti principali è incoraggiare l'interazione.

Puoi farlo nei seguenti modi:

- Comunicando con i membri e apprezzando o commentando i contenuti che condividono

- Utilizzare la funzione "Scelta del manager" per appuntare una discussione in cima al tuo Gruppo ed evidenziare i problemi più rilevanti per il tuo pubblico

- Collegando le discussioni del tuo gruppo con altri canali di social per incoraggiare la collaborazione di nuove persone.

Ricorda anche questi suggerimenti per creare ancor più interazione:

- Poni domande specifiche.

- Fai attenzione. Resta sintonizzato su ciò che dicono gli utenti

- Resta sull'argomento. Assicurati sempre che i tuoi post e i punti di discussione siano pertinenti al tuo gruppo.

Come utilizzare i gruppi di LinkedIn per generare lead?

Se hai creato il tuo Gruppo di LinkedIn, potrai contattare direttamente tutti i contatti che ne fanno parte.

Quindi, in conclusione, I gruppi di LinkedIn sono spazi ideali in cui creare una rete di contatti e posizionare la tua figura professionale come leader del settore.

CHAPTER: 5

LINKEDIN ROBOTIC PROCESS AUTOMATION (RPA)

5.1 Cos'è la Robotic Process Automation o "RPA"

La Robotic Process Automation è una tecnologia che ci consente di impostare un software (un robot) che emula le azioni di un essere umano all'interno dei sistemi digitali per eseguire un'attività o processi.

I robot di automazione robotica dei processi utilizzano l'interfaccia utente per ottenere dati ed eseguire azioni esattamente come farebbe un essere umano. Interpretano, elaborano risposte e comunicano con altri sistemi al fine di svolgere una vasta gamma di attività ripetitive. La cosa più importante è che i robot non dormono mai e non commettono alcun errore!

Ancora più importante, i costi per automatizzare un'attività precedentemente eseguita dall'uomo sono estremamente bassi e i robot possono moltiplicare la produttività delle attività che si desidera automatizzare.

Quali attività possono eseguire i Robot di automazione dei processi?

1. **Accedere** a qualsiasi app

2. **Connettersi** ad API

3. **Copiare ed incollare dati**

4. **Spostare** file

5. **Estrarre** informazioni da qualsiasi file

6. **Leggere** e **scrivere** database

7. Aprire **e-mail**

8. **Trovare** dati online

9. Effettuare **calcoli**

Quali processi possono essere automatizzati?

I robot possono automatizzare praticamente tutti i processi ad alto volume e ripetibili che si qualificano per l'automazione. **Con RPA puoi implementare facilmente e rapidamente attività di automazione, aumentare la tua produttività e raggiungere il ROI come mai prima d'ora.**

"

Automation is
good, so long as
you know exactly
where to put the
machine.

- BILL GATES

5.2 Perché implementare l'automazione RPA nella tua strategia di marketing

I robot sono qui per restare. Più velocemente acquisisci il loro potenziale, più velocemente crei un vantaggio competitivo per la tua azienda. L'automazione dei processi robotizzata offre una redditività diretta migliorando al contempo l'accuratezza tra organizzazioni e settori.

Abilitare RPA per gestire qualsiasi processo non solo trasformerà e snellirà il flusso di lavoro della tua organizzazione.

Consentirà **una scalabilità e una flessibilità superiori all'interno dell'impresa**. I robot software sono facili da addestrare e si integrano perfettamente in qualsiasi sistema. Moltiplicali e distribuisci man mano che procedi.

Migliore precisione	I software di automazione dei processi robotici sono programmati per seguire le regole. Non si stancano mai e non commettono mai errori. Sono coerenti.
Una volta istruiti, i robot RPA eseguono in modo affidabile, riducendo i rischi. Tutto ciò che fanno è monitorato. Hai il pieno controllo per operare in conformità con le normative e gli standard esistenti.	**Conformità garantita**
Rapido risparmio sui costi	RPA può ridurre i costi di elaborazione fino all'80%. In meno di 12 mesi, la maggior parte delle imprese ha già un ritorno sugli investimenti positivo e potenziali ulteriori riduzioni cumulative dei costi possono raggiungere il 20% nel tempo.

In tutte le unità aziendali e aree geografiche, RPA esegue una grande quantità di operazioni in parallelo, dagli ambienti desktop a quelli cloud. Ulteriori robot possono essere implementati rapidamente con costi minimi, in base al flusso di lavoro e alla stagionalità.

Estremamente scalabile

Maggiore velocità e produttività

I dipendenti sono i primi ad apprezzare i vantaggi di RPA in quanto rimuove le attività senza valore aggiunto e le allevia dalla crescente pressione del lavoro.

5.3 Strumenti di automazione LinkedIn Consigliati

In questi anni ho utilizzato un software RPA per automatizzare LinkedIn e si chiama **LinkedHelper**, con il quale è possibile:

1. Automatizzare LinkedIn Sales Navigator

2. Automatizzare LinkedIn Recruiter (Full & Lite)

3. Ottenere migliaia di contatti mirati inviando inviti personalizzati

4. Inviare messaggi in maniera automatica

5. Esportare i profili in maniera automatica in file CSV (Fogli Google / MS Excel)

6. Creare una mailing list mirata

7. Potenziare il tuo profilo e ottenere centinaia di sponsorizzazioni da altri utenti in pochissimo tempo

8. Invitare le connessioni a unirsi a un gruppo LinkedIn

9. Aggiungere automaticamente la tua firma ai messaggi

10. Cancellare automaticamente gli inviti in sospeso

CHAPTER:6

HOW TO USE PERSUASION TO SELL MORE - THE STRAIGHT LINE

6.1 Cos'è la Straight Line Methodology

In questa sezione del libro cercherò di spiegarti alcune **tecniche avanzate per persuadere e influenzare le persone, per VENDERE DI PIÙ!**

Questa metodologia è stata inventata da **Jordan Belfort** e lo sappiamo tutti attraverso la straordinaria interpretazione di **Leonardo di Caprio in The Wolf of Wall Street**. Sono sicuro che penserai "oh, sì, ricordo quel pazzo tossicodipendente che inganna la gente vendendo loro titoli immondizia!".

Aspetta! Non saltare alle conclusioni

Se questo ragazzo è stato in grado di vendere titoli immondizia a professionisti e non professionisti, significa che stava facendo qualcosa di buono!

Che cosa?

Elevare un processo di vendita processo e renderlo un capolavoro! Ora sei con me, vero?

Ho studiato il suo metodo e posso garantirti che funziona! Ma partiamo dall'inizio: Jordan ha chiamato il suo sistema Straight Line Persuasion perché proprio come la distanza più breve tra due punti qualsiasi è una linea retta, stai cercando di convertire un potenziale cliente e convincerlo ad acquistare **con rapidità** <u>senza perdere tempo</u>.

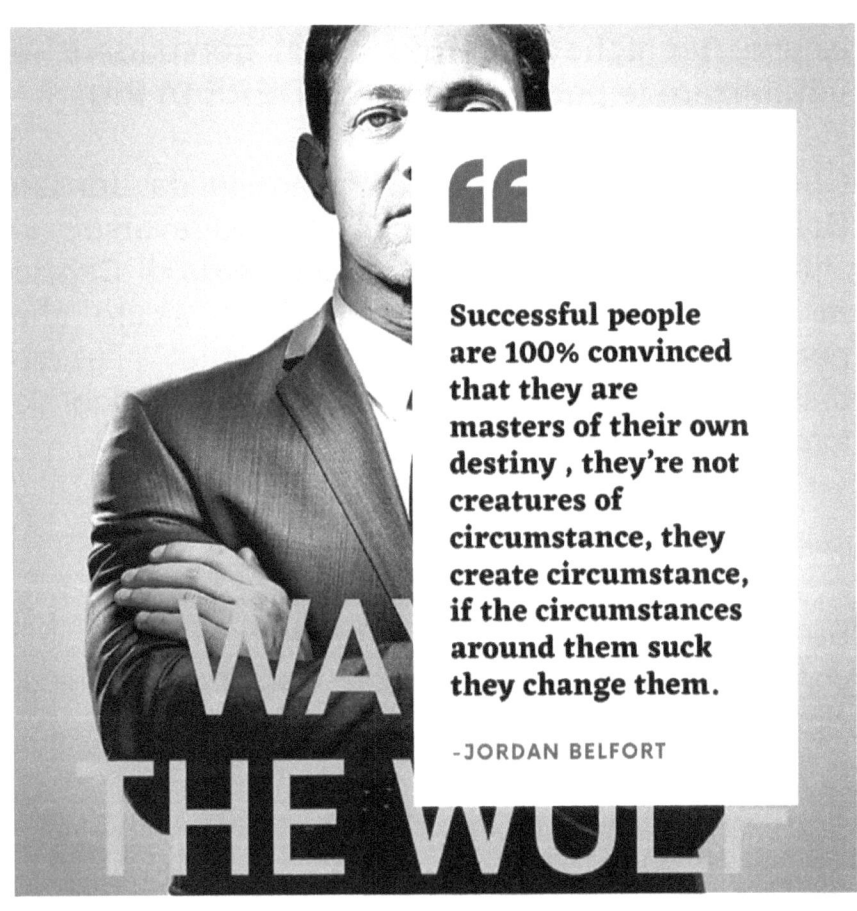

6.2 I pilastri della Straight Line Methodology

La Straight Line Methodology **si basa su 3 pilastri:**

1. **sviluppare una relazione** con il cliente, in cui sente che lo conosci perfettamente e che sei suo amico. Ciò creerà un forte legame che porta a guadagnare la fiducia del cliente.

2. **Porre domande specifiche** per attirare la sua attenzione e comprendere i suoi bisogni specifici

3. **Controllare la vendita mantenendola in linea retta**, ciò significa che quando la conversazione si allontana dal tuo obiettivo principale - la vendita - devi riportarla sulla linea retta

6.3 Acquirenti vs. Non-acquirenti

Come venditore, i tuoi obiettivi principali sono:

1. **trovare le persone giuste con cui parlare** (e abbiamo affrontato questa parte nei capitoli precedenti, quindi dovresti avere tutti gli strumenti necessari per farlo tramite LinkedIn).

2. **Individuale immediatamente persone che non sono né pertinenti né interessate** al tuo prodotto / servizio.

Ricorda che non dovresti **mai trattare il tuo acquirente come se lui:**

Non conoscesse il prodotto

Non dovesse comprare

Non possa permetterselo

L'obiettivo non è quello di convertire i non acquirenti in acquirenti, ma CHIUDERE PIÙ TRATTATIVE POSSIBILI.

Dovresti preoccuparti quando l'acquirente decide di acquistare da qualcun altro anziché da te. Ciò significa che ti manca qualcosa nella presentazione o nel tuo prodotto / servizio, quindi devi concentrarti su di esso e migliorarlo.

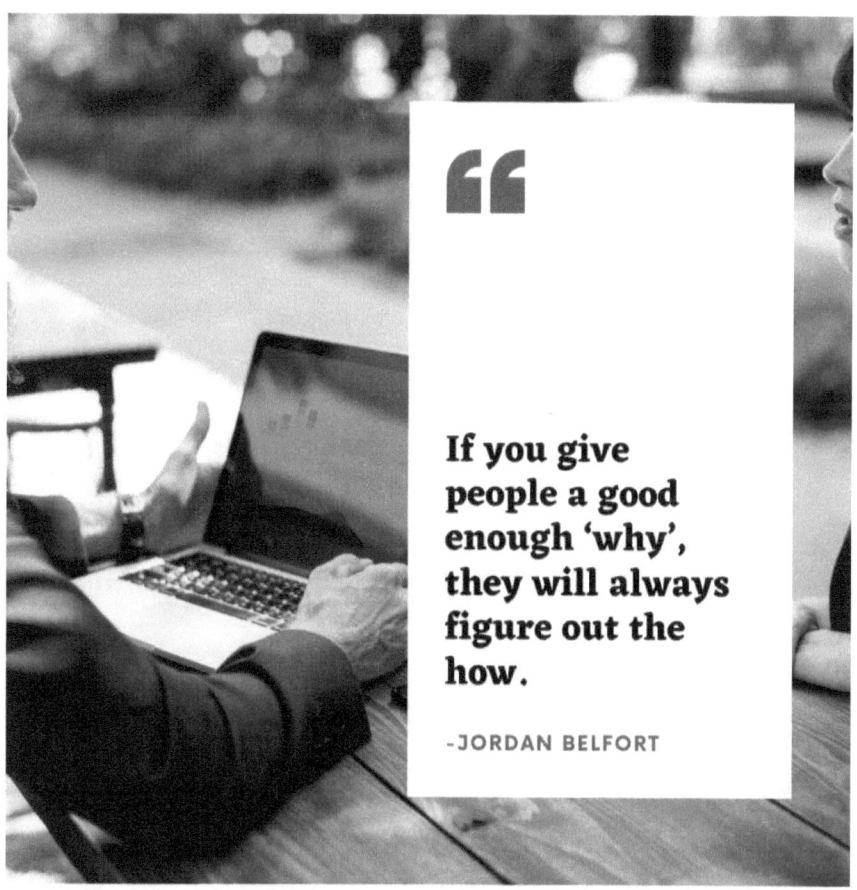

If you give people a good enough 'why', they will always figure out the how.

-JORDAN BELFORT

Puoi presumere che, fra 100 persone:

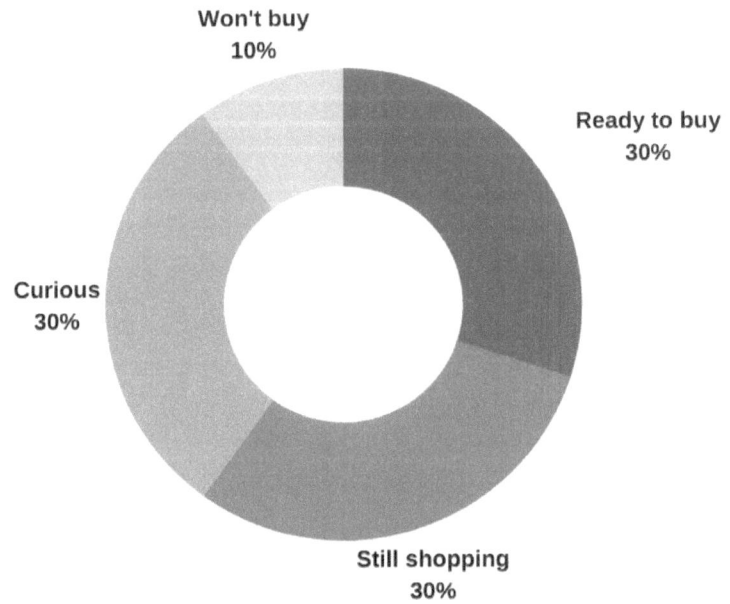

- 30 sono pronte per l'acquisto in questo momento. Queste sono persone che sanno che devono prendere una decisione rapidamente e sono motivate ad acquistare ora.

- 30 non hanno ancora acquistato ma sono motivati ad acquistare.

- 30 sono curiosi, stanno "solo guardando", forse compreranno oggi, forse compreranno domani, non hanno fretta

- 10 sono stati trascinati lì da qualcun altro, non vogliono essere lì e non acquisteranno mai da te.

Ancora una cosa: se devi fare una guerra, non puoi andare senza elmetto, senza pistole e senza essere addestrato. **Hai bisogno di un piano, HAI BISOGNO di uno spartito**. Questo non è negoziabile. Non importa quanto sei bravo. Deve essere personalizzato per adattarsi al tuo campo particolare. Deve essere memorizzato e devi essere in grado di leggere da esso senza sembrare come se stessi leggendo (come un grande attore di Hollywood).

Questo è importante: devi memorizzare lo spartito e conoscerlo così bene che il cliente non capisce che ne stai usando uno: **se il cliente sa che stai leggendo da uno spartito, sei finito**.

6.4 Chiamate: cosa devi stabilire in 3 secondi

Quando chiami al telefono una persona per vendere un prodotto, devi essere:

1. *Entusiasta da morire*

2. *Affilato come una lama*

3. *Un esperto / autorità*

Le persone vogliono lavorare con l'esperto, il miglior ragazzo / ragazza nel campo che può aiutarli a raggiungere i loro obiettivi e prendere il controllo della loro vita.

Tonalità

Uno di gli elementi più importanti di un venditore di successo è la **TONALITÀ**. Quando si tratta di influenzare e persuadere, la tua tonalità è cruciale, perché attraverso la tonalità <u>puoi far provare alle persone emozioni specifiche</u> e sfruttando le emozioni, chiudi accordi. **La gente compra seguendo le emozioni, non la logica**!

Ecco perché quando parli con qualcuno, dovresti sembrare un amico, non dire che ti importa, basta implicarlo con la tua tonalità. Dovresti suonare:

- Affidabile – empatico - interessato

Tonalità fondamentali da usare:

- <u>Scarsità / Segreto</u> (tonalità silenziosa). Se vuoi che qualcuno ti ascolti, parla. Ma se vuoi che qualcuno ti ascolti davvero devi *sussurrare*. Abbassando la voce e sussurrando, sottintendi di avere un segreto, qualcosa di scarso.

- <u>Certezza</u>: la maggior parte delle persone non ha un senso di certezza, quindi se lo fai le persone ascolteranno

6.5 Come NON creare rapporto con i tuoi clienti

Uno dei più grandi errori commessi dalla maggior parte dei venditori quando provano a sviluppare rapporti con i loro clienti è che parlano dei loro hobby / interessi.

Sbagliato!

Quando un cliente inizia a parlarti delle sue vacanze in Nuova Zelanda, ascoltalo, ma non iniziare a parlare delle tue vacanze, altrimenti vai fuori tema e finisci nella terra di nessuno.

Invece di parlare con il cliente dei suoi hobby e interessi, ascoltalo e riportalo sulla linea retta, così <u>crei un rapporto dimostrando di essere un esperto e una persona che può aiutarlo a raggiungere i suoi</u> obiettivi.

Ricorda perché stai parlando con un cliente. Sei lì per fare soldi. Sei lì per concludere un affare. Sei lì per vendere. Questo è tutto. Puoi parlare delle loro vacanze o andare a bere qualcosa dopo la vendita, ma non ora.

Come vendere una penna

Una delle scene più famose del film *The Wolf of Wall Street* è quando Jordan chiede ai suoi agenti "vendetemi questa penna". Ma nessuno sembrava sapere come farlo. Nemmeno io lo sapevo.

Sell me this pen!

-JORDAN BELFORT

Ho imparato il segreto guardando un'intervista su YouTube in cui Piers Morgan chiede a Jordan come farlo e Jordan ha detto che l'errore più grande che la maggior parte dei venditori commette quando cerca di vendere una penna (o qualsiasi altra cosa) è che parlano dei vantaggi e delle caratteristiche del prodotto:

"Questa penna è fantastica"

"Questa penna è la migliore!"

"Questa penna può scrivere sottosopra!"

Una cosa che ho capito da questo: NON provare a vendere un prodotto elencando i vantaggi e le caratteristiche di esso!

Credo che il modo migliore per vendere qualsiasi cosa sia porre domande specifiche al cliente per capire la sua strategia di acquisto.

Ad esempio, se stai vendendo un software di generazione di lead LinkedIn, ti chiederei: quanti lead ricevi ogni mese? Quanti ne vorresti ottenere?

In questo modo so già quali funzionalità del mio software Leadgen mi pongono nella situazione di poter aiutare il mio cliente nel raggiungere i suoi obiettivi. Facile! **Sto risolvendo un problema specifico.**

6.6 Come concludere l'affare

Traiamo le conclusioni: come si chiude la vendita?

1. Il cliente deve **AMARE** il tuo prodotto. Deve pensare che il tuo prodotto risolverà il problema che ha e il tuo prodotto fornisce esattamente questo!

2. Il cliente deve **FIDARSI** di te e della tua azienda. Poiché hai sviluppato un rapporto di fiducia con il tuo cliente, deve sentirsi sicuro di mettersi in contatto con te in qualsiasi momento per qualsiasi cosa.

3. Il cliente deve sapere che **ASCOLTI** le sue esigenze future

Se il tuo cliente dice di no, è per i seguenti motivi:

- Non è convinto che il tuo prodotto sia il migliore, quindi deve essere migliorato.

- Non si fida di te e della tua compagnia.

Superare le obiezioni

Nel caso in cui i tuoi clienti non siano ancora convinti, avrà sicuramente obiezioni come:

- non posso permettermelo.

- Ho bisogno di pensare.

- Questo è un cattivo momento.

- Mia moglie mi ucciderà.

- Devo parlare con mia moglie.

Tuttavia il 90% delle obiezioni sono solo tattiche di stallo.

Quando qualcuno dice *"Ho bisogno di parlare con mia moglie"* o ti fa qualsiasi altra obiezione è una tattica di stallo perché:

- Non sono convinti logicamente

- Non sono convinti emotivamente

- È una questione di soldi

- Hanno una convinzione negativa di acquistare tal prodotto

PS: **Il momento migliore per superare le obiezioni è PRIMA che arrivino**

CHAPTER:7
CONCLUSION

Ed eccoci alla fine di questo libro che si è rivelato essere una vera sfida che ha aiutato me e il mio collega Hassan a **spingere un po' oltre i nostri limiti** e alzare l'asticella della nostra qualità di lavoro di squadra. Questo libro è il risultato di un grande sforzo in termini di organizzazione, pianificazione e implementazione.

In particolare le capacità di Hassan in termini di del **gestione progetto** è un chiaro esempio di come l'abilità **organizzativa** e **critica**, unita a una buona componente di **creatività** e **ambizione**, può portare a risultati completamente eccezionali. Parlo di eccezionalità perché questo libro, scritto, disegnato e lanciato in un periodo di tempo molto breve, cioè circa un mese, mi rende **molto orgoglioso** e sono sicuro che è lo stesso anche per Hassan.

Durante questo periodo, infatti, non solo abbiamo rafforzato la nostra amicizia che era già solida e spesso ci ha portato a discutere la nostra visione del mondo, il business a cui siamo entrambi molto appassionati, ma abbiamo anche gettato le basi per una partnership professionale a lungo termine, perché condividere il tempo su un progetto comune comporta sempre nuove sfide. Queste sfide, in particolare, riguardano la **qualità della comunicazione**, la capacità di **rispettare** l'altro e **ascoltare** le **critiche**. Quindi implica la necessità di una collaborazione **matura** e **pragmatica**.

In questo libro abbiamo dato il massimo per spiegare quali sono le basi per creare il tuo marchio personale attraverso LinkedIn, migliorando la qualità del tuo profilo; abbiamo quindi approfondito le questioni relative ai tuoi clienti, al tuo pubblico di destinazione e quelle competenze necessarie per capire chi devi contattare e come raggiungere queste persone. Abbiamo anche spiegato passo dopo passo qual è la strategia adatta per generare opportunità di business in modo semplice e scalabile, utilizzando strumenti di misurazione analitica e gettando le basi per un business sostenibile a lungo termine; abbiamo quindi parlato di come i risultati di questa strategia possano essere aumentati in modo esponenziale attraverso l'uso di campagne di marketing di LinkedIn, la creazione di profili aziendali professionali, l'uso di gruppi di LinkedIn; infine siamo andati ad approfondire il grande argomento delle vendite online e offline, ispirato da Jordan Belfort che ha saputo ottenere risultati eccezionali attraverso strategie pianificate fin dall'inizio e attraverso una capacità retorica, l'uso della persuasione e della parola.

Hassan e io speriamo che questo libro sia utile a tutti coloro che vogliono **lanciarsi** nel mondo di LinkedIn e nell'uso professionale di questo incredibile strumento, ma anche a tutti coloro che hanno già l'esperienza al riguardo e sperano di ottenere ancora di più risultati attraverso i nostri consigli provenienti dal mondo del lavoro.

Voglio concludere ringraziando innanzitutto voi lettori che vi siete fidati di noi nell'acquisto di questo libro. Quindi, **vorrei ringraziare personalmente la mia famiglia**, mia mamma e mio papà che sono sempre stati uno stimolo per me e mi hanno sempre invitato ad assumermi le mie responsabilità, a lanciarmi nei miei progetti a volte bizzarri e credere sempre nelle mie idee. Voglio anche ringraziare le mie **zie** che sono un ottimo esempio da seguire, poiché portano avanti quei valori di correttezza, lavoro di squadra, motivazione e instancabile desiderio di migliorare. Ringrazio i miei **amici** che mi sono sempre vicini anche se a volte geograficamente distanti, perché mi danno sempre spunti di autocritica e sono sempre aperti a discussioni costruttive per il bene di tutti. Vorrei ringraziare tutti quei **professori** che ho incontrato durante il mio viaggio sia durante la mia carriera universitaria presso l'Università Bocconi di Milano sia nel master in International Business presso la EAE Business School di Madrid. Infine, vorrei ringraziare tutti i miei **colleghi di lavoro** che ho avuto l'onore di conoscere durante la mia carriera che mi hanno spinto a dare di più e fare meglio, insegnandomi che prendersi cura delle relazioni interpersonali è il fondamento della vita quotidiana.

Spero che avremo l'opportunità di incontrarci di nuovo per parlare di business,

In bocca al lupo

Matteo

CHAPTER:8
REFERENCES

Eric Ries, *The Lean Startup: How Today's Entrepreneurs Use Continuous Innovation to Create Radically Successful Businesses*, 2011

Jordan Belfort, *Way of the Wolf: Straight Line Selling: Master the Art of Persuasion, Influence, and Success*, 2018

Robert G. Hagstrom, *The Warren Buffett Way*, 2013

Lextalk.com, *Optimizing Your LinkedIn Footprint: 8 Critical Tips For Your Career Success*, 2015

Medium.com, *Guide LinkedIn audience segmentation*, 2019

Linkedselling.com, *How to use advanced people search on LinkedIn*

Hubspot.com, *Buyer Persona Research*, 2020

Deloitte Touche Tohmatsu Limited, *Robotic Process Automation*,

Zety.com, *Job titles*, 2020

UiPath.com, *Roboti Process Automation*

Distruptiveadvertising,.com, *16 Content Ideas that Will Make You a LinkedIn Superstar*, 2019

PERSONAL LINKS

Matteo Romano
- *Blog*
- *LinkedIn*

Hassan Elfadul
- *Instagram*
- *Spotify*

www.ingramcontent.com/pod-product-compliance
Lightning Source LLC
Chambersburg PA
CBHW030651220526
45463CB00005B/1729

9 798671 304008